文化自信，从阅读开始

"文化自信与中国现当代文学·中学生读本"
编委会

学术顾问　雷　实

总　主　编　蒋述卓　陈剑晖　贺仲明

执行主编　周　群　黄红丽

编　　委（按姓氏笔画排序）

　　　　　王　惠　王春雷　申霞艳　司马晓雯　杨汤琛

　　　　　李金涛　张　华　陈　希　陈剑晖　季　丰

　　　　　周建江　钟凌翔　咸立强　钱　丹　徐　珊

　　　　　郭小东　郭冰茹　黄　平　黄红丽　傅修海

　　　　　童志斌　曾湖仙　蔡莉玲　谭健文　黎小敏

本册主编　周建江　曾湖仙

参　　编　廖　波　梁国铭

文化自信与中国现当代文学·中学生读本

明德至善天地心

周建江 曾湖仙 ◎ 主编

青少年
品质阅读精选
语言·思维
审美·文化

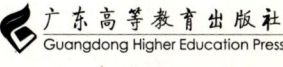

本书部分文字作品稿酬已委托中国文字著作权协会转付，敬请相关著作权人与中国文字著作权协会联系。电话：010-65978917，传真：010-65978926，E-mail：wenzhuxie@126.com。

图书在版编目（CIP）数据

明德至善天地心/周建江，曾湖仙主编. —广州：广东高等教育出版社，2020.5

（文化自信与中国现当代文学：中学生读本/蒋述卓，陈剑晖，贺仲明主编）

ISBN 978-7-5361-6519-9

Ⅰ.①明… Ⅱ.①周… ②曾… Ⅲ.①阅读课-中学-课外读物 Ⅳ.① G634.333

中国版本图书馆 CIP 数据核字（2019）第 113003 号

书　名	明德至善天地心 MINGDE ZHISHAN TIANDI XIN	
出版发行	广东高等教育出版社 地址：广州市天河区林和西横路　电话：(020) 87554153 http://www.gdgjs.com.cn	
印　刷	佛山市浩文彩色印刷有限公司	
开　本	787 毫米×1 092 毫米　16 开	
印　张	12.25	
字　数	194 千	
版　次	2020 年 5 月第 1 版　2020 年 5 月第 1 次印刷	
定　价	36.00 元	

如发现印装质量问题，请直接与印刷厂联系调换。

写在前面

作为一个编辑,我经常感叹文学的世界浩瀚如大海,书太多,而时间太少。作为一个母亲,我又经常困惑这么多书,该怎么选,读哪些书,才能让孩子在繁重课业之外挤出的阅读时间,读得有品质;怎么读,才能对他的阅读和写作能力提升有所帮助。同时我还非常苦恼,如何与处于叛逆期的孩子对话,建立沟通。众所周知,中学阶段是人的人生观、世界观、价值观以及思维方式、创造能力和审美能力形成的关键时期,而这些能力却绝非朝夕可成。很多家长即使意识到其重要性,但多半也不知从何入手,如何引导。

基于以上,我们尝试从中华文化精神的角度来做一套适合这一年龄段孩子阅读的书。

怎么选?我们遵循"循序渐进"、由浅到深、从近到远的原则。按照情感发展规律,即个人—家庭—国家(民族)—世界的思路精选12个专题。先侧重从中学生的日常生活、身边事物、自信自尊自强、诚实守信,以及文化人格塑造,如何对待爱情友谊,如何增强忧患意识,将个人的"小家"与国家的"大家"统一起来等方面着手。后由"小"到"大",由"内"及"外",由"近"及"远",从个人、自我、家庭延伸到信仰、理想主义与英雄主义、天人合一、人类共同价值观,以及汉语文化、逻辑思维和创造性思维等。

我们首创"学术主编+教学主编"的编写模式,由知名高校学术主编与中学一线教研员、中学语文名师组成的教学主编,以现当代作家名作名篇为基础,围绕自尊自信自强、亲情与爱情等12个专题选择篇目,并以"中华文化精神"贯穿之，精挑细选，匠心打造，体裁涵盖散文、小说、杂文、诗歌、报告文学等文学样式。同时以入选的各篇目的通用版本为底本，撰写导读和作品赏读。编者悉心解读，所撰写的细腻、隽永的文字，引领我们步进文学的殿堂，领略文学之美，值得珍藏。

阅读是一种力量，在这里有300多位中国现当代名家，跨越时空，通过文学的形式，与我们的孩子对话，以想象性、形象性和情感性的文学作品深入孩子内心，通过共鸣，因感受而唤醒孩子自身的精神诉求，进而有意识地构建精神家园。这些作品一旦进入孩子的生命，就会成为其情感和审美结构的一部分，并在最深的意义上构成"自我"。在这纷扰的世界上，孩子无论是认识世界还是面对人生，都能保持正确的世界观、价值观、人生观，以及看问题的大局观。

同时我们特地邀请了各地几十所学校广播站的同学朗读选文作品。不一定是字正腔圆的专业朗读，但这些有感情、有温度的同龄人的声音一定能打动内心，扫码即可用耳朵"悦"读。

在编辑过程中，我们针对青少年的阅读心理和阅读习惯，按照现代出版规范对选文进行了处理，对部分选文做了删减。

在此还要向各选文的作者致以诚挚的敬意，是他们用自己伟大的思想和精湛的文字，为青少年一代提供了思想的源泉和振翅的境界。我们已委托中国文字著作权协会代理稿酬事宜，一并致谢。

希望这套书能够让我们的孩子从繁重的课业和纷杂的电子游戏中走出来，在文学的港湾憩息，感受到文学的力量并得到丰厚的滋养，从中获得面对未知的好奇、追逐梦想的激情、拥抱生活的热情、直面坎坷的勇气和击败困难的力量。

目录

风清月朗

- 004　天龙八部（节选）　金庸
- 012　从森林里来的孩子　张洁
- 027　除夕情怀　冯骥才
- 031　九月初九　木心
- 037　祖国（或以梦为马）　海子

明德惟馨

- 046　一件小事　鲁迅
- 050　我的遥远的清平湾　史铁生
- 066　旧燕　张中行
- 070　狗逢知己　琦君
- 075　门前　顾城

目录

春晖寸草

- 082　爸爸的花儿落了　　林海音
- 089　上边　王祥夫
- 104　对坐　彭程
- 110　献给母亲的方尖碑　　舒婷
- 114　女儿心（节选）　许地山

舐犊情深

- 136　许三观卖血记（节选）　余华
- 159　呼兰河传（节选）　萧红
- 169　赋得永久的悔　季羡林
- 175　先父对余之幼年教诲　钱穆
- 183　睡吧，山谷　北岛

187　后记

风清月朗

◇ 天龙八部（节选）　金庸

◇ 从森林里来的孩子　　张洁

◇ 除夕情怀　冯骥才

◇ 九月初九　木心

◇ 祖国（或以梦为马）　海子

文化自信与中国现当代文学·中学生读本

人是独立的个体，但个体从来不是化外的存在，每一个中国人身上都有民族的文化基因，每一个人身上都流淌着中国文化的血液。今天，我们真正地走入了网络时代，网络时代也是一个自媒体时代，人人都是记者也是评论者，谁都可以发声，每个人都在努力地自信地表达着个性化的观点，这是时代之必然，也是中国之幸运，但表面张扬个性的背后，是一场纯洁心灵的自我放逐，是气度格局的自我压缩。

孟子说："我善养吾浩然之气。……其为气也，至大至刚，以直养而无害，则塞于天地之间。"一言以蔽之，君子该养浩大刚正的精神，而浩然之气的养成必须与仁和义相配合辅助，如此，浩然之气才能长久地存在于每个人的心灵宇宙。在浩然之气的滋养下，人们爱自己的祖国，爱自己的族群，爱脚下的土地，爱自己身边的人。所以，中国人以谦卑之心看待自己，以善良之心和宽广胸怀看待他人、看待自己的国家，乃至于为善为义勇于牺牲自己的人不胜枚举，诚如"惶惶然如丧家之犬"的孔子，诚如宁死不屈的文天祥，诚如历经劫难却依然爱己爱人、潇洒从容的苏东坡等。

基于以上的价值考量，本单元选了五篇风格迥异但充满了"浩然之气"的典型文章。其中有两篇小说，如《天龙八部》（节选）、《从森林里来的孩子》；有散文，如《除夕情怀》（选自《冯骥才语文课》）、《九月初九》（选自《哥伦比亚的倒影》）；还有诗歌《祖国（或以梦为马）》，只要认真阅读，相信同学们一定会从中汲取到营养和力量。

金庸的《天龙八部》（节选）讲述的是萧峰凭借自己的高超本领和仁爱天下的精神成功地迫使辽国军队撤退，并且让辽帝耶律洪基作出了不许辽国一兵一卒侵犯大宋边界的承诺，萧峰功盖天地，让人叹服。更让人叹服的是，萧峰自揭身世，勇敢承认自己是契丹人，忠诚于辽帝是他的本分，拯救大宋百姓也是他的大义，在忠和义的矛盾抉择中，萧峰最终选择牺牲自己，真乃有大爱、有大境界的天地英雄。

张洁《从森林里来的孩子》采用顺叙的写作方式，讲述了在林区成长起来的孩子孙长宁在北京下放来的"黑五类"梁启明老师的精心教导之下，既掌握了吹长笛的本领，也懂得了追求光明、服务人民的道理。"文革"结束后，孙长宁只身一人来到北京参加音乐考试，结果却发现误了时间。在孩子的坚持及其才华的感召之下，在七名考生和主考官傅涛的努力之下，孙长宁最终被成功录取。"文革"的苦难并没有抹杀人性的善良，也没有消除人们对光明的希望，小说最后满怀激动和希望的讴歌正是从深重苦难中挣脱出来之后的爱和善的力量。

冯骥才是一位极有天赋和人气的小说家，也是一位画家。他的散文《除夕情怀》通过回忆除夕夜买酒的故事，说明中国的春节注重家庭团圆，写出了中国人共同的文化情怀。

木心是画家，也是一位具有中国心和有世界视野的作家、文学家，在《九月初九》这篇文章中，木心选定九月初九这一个特定时日，讲中国的花鸟虫鱼草木。他认为中国人与自然之间的关系是和谐平等的，自然有品性、通人情，彼此相看两不厌，彼此痴爱。这是中国人的自然观，也是中国文化最让人迷恋之处，相信同学们看完之后，对人与自然的关系会有更深的认识。

最后一篇，海子的《祖国（或以梦为马）》以一种神的超力量呼喊，以诗人的决绝的自我牺牲来阐述自己的宏愿：融合中国的行动，成就一种民族和人类结合、诗歌和真理合一的大诗。超越庸常、超越速朽、超越宿命是理解这首诗歌的关键词。

大爱和大义是本单元的主线，愿同学们用这种大爱和大义给自己的精神补钙，从而强健自己的心灵。与此同时，还希望同学们能领悟到并且感受到串在主线上的珍珠如文辞、哲思、故事等的美丽。

天龙八部（节选）[1]

金 庸

雁门关两侧双峰夹峙，高耸入云，这关所以名为"雁门"，意思说鸿雁南飞之时，也须从双峰之间通过，以喻地势之险。群豪中虽不乏轻功高强之士，尽可翻山越岭而走，但其余人众难逾天险，不免要为辽军聚歼于关下了。

辽军限于山势，东西两路渐渐收缩，都从正面压境而来。但除马蹄声、铁甲声、大风吹旗声外，却无半点人声喧哗，的是军纪严整的精锐之师。一队队辽军逼关为阵，驰到弩箭将及之处，便即停住。一眼望去，东西北三方旌旗招展，不知有多少人马。

萧峰朗声叫道："众位请各在原地稍候，不可移动，待在下与辽帝分说。"单骑纵马而出。他双手高举过顶，示意手中并无兵刃弓箭，大声叫道："大辽国皇帝陛下，臣南院大王萧峰有几句话向你禀告，请你出来。"他这几句话鼓足内力，声音远远传了出去。辽军十余万将士听得清清楚楚，不由得人人变色。

---

[1] 选自《天龙八部》（广州出版社 2013 年版），有改动。金庸（1924—2018），浙江海宁人。著有《天龙八部》《射雕英雄传》等 12 部长篇武侠小说。

过得半晌，猛听得辽军阵中鼓角声大作，千军万马如波浪般向两侧分开，八名骑士执着迎风招展的八面黄金色大旗，驰出阵来。其后一队队长矛手、刀斧手、弓箭手、盾牌手疾奔而前，分列两旁，接着是十名锦袍铁甲的大将簇拥着耶律洪基出阵。

辽军大呼："万岁，万岁，万万岁！"声震四野，山谷鸣响。

关上宋军见到敌人如此军威，无不栗然。

耶律洪基右手宝刀高举，辽军立时肃静，除了偶有战马嘶鸣，更无半点声息。耶律洪基放下宝刀，大声笑道："萧大王，你说要引辽军入关，怎么关门还不大开？"

此言一出，关上通译便传给镇守雁门关指挥使张将军听了。关上宋军立时大噪，指着萧峰指手画脚的大骂。

萧峰知耶律洪基这话是行使反间计，要使宋兵不敢开关放自己入内，心中微微一酸，当即下马，走上几步，说道："陛下，臣萧峰有负厚恩，重劳御驾亲临，死罪，死罪！"说着便跪倒在地。

突然两个人影从旁掠过，当真如闪电一般，猛向耶律洪基欺了过去，正是虚竹和段誉。他二人见情势不对，情知今日之事，唯有擒住辽帝作为要挟，才能保持大伙周全，一打手势，便分从左右抢去。

耶律洪基出阵之时，原已防到萧峰重施当年在阵上擒杀楚王父子的故伎，早有戒备。亲军指挥使一声吆喝，三百名盾牌手立时聚拢，三百面盾牌犹如一堵城墙，挡在辽帝面前。长矛手、刀斧手又密密层层地排在盾牌之前。

这时虚竹既得天山童姥的真传，又练了灵鹫宫石壁上武学的秘奥，武功之高，实已到了随心所欲、无往而不利的地步。而段誉在得到鸠摩智的毕生修为后，内力之强，亦是震古烁今，他那"凌波微步"施展开来，辽军将士如何阻拦得住？

段誉东一晃、西一斜，便如游鱼一般，从长矛手、刀斧手间相距不逾一尺的缝隙之中硬生生地挤了过去。众辽兵挺长矛攒刺，因相互挤得太近，非但伤不到段誉，兵刃多半招呼在自己人身上。

虚竹双手连伸，抓住辽兵的胸口背心，不住掷出阵来，一面向耶律洪基靠近。两员大将纵马冲上，双枪齐至，向虚竹胸腹刺到。虚竹突然跃起，双足分落二将枪头。两员辽将齐声大喝，抖动枪杆，要将虚竹身子震落。虚竹乘着双枪抖动之势，飞身跃起，半空中便向耶律洪基头顶扑落。

一如游鱼之滑，一如飞鸟之捷，两人双双攻到。耶律洪基大惊，提起宝刀，疾向身在半空的虚竹砍去。

虚竹左手手掌探出，已搭住耶律洪基宝刀刀背，乘势滑落，手掌翻处，抓住了他右腕。便在此时，段誉也从人丛中钻将出来，抓住了耶律洪基左肩。两人齐声喝道："走罢！"将耶律洪基魁伟的身子从马背上提落，转身急奔。

四下里辽将辽兵见皇帝落入敌手，大惊狂呼。几十名亲兵奋不顾身地扑上来想救皇帝，都给虚竹飞足踢开。

二人擒住辽帝，心中大喜，突见萧峰飞身赶来，齐声叫道："大哥！"不料萧峰双掌疾发，呼呼两声，分袭二人。二人都大吃一惊，见掌力袭来，只得举掌挡架，砰砰两声，四掌相撞，掌风激荡，萧峰向前一冲，已乘势将耶律洪基拉了过去。

这时辽军和中原群豪分从南北拥上，一边想抢回皇帝，一边要作萧峰、段誉、虚竹三人的接应。

萧峰大声叫道："谁都别动，我自有话对大辽皇帝禀告。"辽军和群豪登时停了脚步，双方只远远呐喊，不敢冲杀上来，更不敢放箭。

虚竹和段誉也退开三步，分站耶律洪基身后，防他逃回阵中，并阻契丹高手前来相救。梅兰竹菊四姝站在段誉身后，各挺长剑，以挡敌人射来的冷箭。

这时耶律洪基脸上已没半点血色，心想："这萧峰的性子甚是刚烈，我将他囚于狮笼之中，折辱得他好生厉害。此刻既落在他手中，他定要尽情报复，再也不肯饶我性命了。"却听萧峰道："陛下，这两位是我的结义兄弟，不会伤害于你，你可放心。"耶律洪基哼了一声，回头向虚竹看了一眼，又向段誉看了一眼。

萧峰道："我这个二弟虚竹子，乃灵鹫宫主人，三弟是大理国段王子。臣也曾向陛下说起过。"耶律洪基点了点头，说道："果然了得！"

萧峰道："我们立时便放陛下回阵，只是想求陛下赏赐。"

耶律洪基几乎不相信自己的耳朵，心想："天下哪有这样的便宜事？啊，是了，萧峰已回心转意，求我封他三人为官。"登时满面笑容，说道："你们有何求恳，我无有不允。"他本来语音发颤，这两句话中却又有了皇帝的尊严。

萧峰道："陛下已是我两个兄弟的俘虏，照咱们契丹人的规矩，陛下须得以彩物自赎才是。"耶律洪基眉头微皱，问道："要什么？"萧峰道："微臣斗胆代两个兄弟开口，要陛下金口一诺。"耶律洪基哈哈一笑，说道："普天之下，我当真拿不出的物事却也不多，你尽管狮子大开口便了。"

萧峰道："是要陛下答允退兵，终陛下一生，不许辽军一兵一卒越宋辽疆界。"

段誉登时大喜，心想："辽军不逾宋辽边界，便不能插翅来犯我大理了。"忙道："正是，你答允了这句话，我们立即放你回去。"转念一想："擒到辽帝，二哥出力比我更多，却不知他有何求？"向虚竹道："二哥，你要契丹皇帝什么东西赎身？"虚竹摇头道："我也只要这一句话。"

耶律洪基脸色甚是阴森，沉声道："你们胆敢胁迫于我？我若不允呢？"

萧峰朗声道："那么臣便和陛下同归于尽。咱二人当年结义，也曾有过但愿同年同月同日死的誓言。"

耶律洪基一凛，寻思："这萧峰是个天不怕、地不怕的亡命之徒，向来说话一是一，二是二，我若不答允，只怕要真的出手向我冒犯。死于这莽夫之手，可大大的不值得。"哈哈一笑，朗声道："以我耶律洪基一命，换得宋辽两国数十年平安。好兄弟，你可把我的性命瞧得挺贵重哪！"

萧峰道："陛下乃大辽之主。普天之下，岂有比陛下更贵重的？"

耶律洪基又是一笑，道："如此说来，当年女真人向我要黄金五百两、白银五千两、骏马三百匹，眼界忒也浅了？"萧峰略一躬身，不再答话。

耶律洪基回过头来，见手下将士最近的也在百步之外，无论如何不能救自己脱险，权衡轻重，世上更无比性命更贵重的事物，当即从箭壶中抽出一枝雕翎狼牙箭，双手一弯，啪的一声，折为两段，投在地下，说道："答允你了。"

萧峰躬身道："多谢陛下。"

耶律洪基转过身来，举步欲行，却见虚竹和段誉四目炯炯地瞧着自己，并无让路之意，回头再向萧峰瞧去，见他也默不作声，登时会意，知他三人是怕自己食言，当即拔出宝刀，高举过顶，大声说道："大辽三军听令。"

辽军中鼓声擂起，一通鼓罢，立时止歇。

耶律洪基朗声道："大军北归，南征之举作罢。"他顿了顿，又大声叫道:"于我一生之中,不许我大辽国一兵一卒,侵犯大宋边界。"说罢,宝刀一落,辽军中又擂起鼓来。

萧峰右手拾起地下断箭,高高举起,运足内力,大声说道:"我是辽国南院大王萧峰,奉陛下圣旨宣示:陛下恩德天高地厚,折箭为誓,下旨终生不准大辽国一兵一卒侵犯大宋边界。"他内力充沛,这一下提声宣示,关上关下十余万兵将尽皆听闻。他见耶律洪基并无不同言语,便躬身道:"恭送陛下回阵。"

虚竹和段誉往两旁一让,绕到萧峰身后。

耶律洪基又惊又喜,又是惭愧,虽急欲身离险境,却不愿在萧峰和辽军之前示弱,当下强自镇静,缓步走回本阵。

辽军中数十名亲兵飞骑驰出,抢来迎接。耶律洪基初时脚步尚缓,但禁不住越走越快,只觉双腿无力,几欲跌倒,双手发颤,额头汗水更涔涔而下。待得侍卫驰到身前,滚鞍下马而将坐骑牵到他身前,耶律洪基已全身发软,左脚踏上脚镫,却翻不上鞍去。两名侍卫扶住他后腰和臀部,用力托举,耶律洪基这才上马。

众辽兵见皇帝无恙归来,大声欢呼:"万岁,万岁,万万岁!"

这时雁门关上的宋军、关下的群豪听到辽帝下令退兵,并说终他一生不许辽军一兵一卒犯界,也是欢声雷动。众人均知契丹人虽然凶残好杀,但向来极为守信,与大宋之间有何交往,极少背约食言,当年宋辽两国缔结"澶渊之盟",双方迄今信守,何况辽帝在两军阵前亲口颁令,辽国南院大王接旨复述,两军人人听见。倘若日后反悔,大辽举国上下都要瞧他不起,他这皇帝之位都怕坐不安稳。

耶律洪基脸色阴郁,心想我这次为萧峰这厮所胁,许下如此重大诺言,方得脱身以归,实是丢尽颜面,大损国威。可是从辽军将士欢呼万岁之声中听来,众军拥戴之情却又似出自至诚。他眼光从众士卒脸上缓缓掠过,见一个个容光焕发,尽皆欣悦。

众士卒想到即刻便可班师,回家与父母妻儿团聚,既无万里征战之苦,又无葬身异域之险,自皆大喜过望。契丹人虽然骁勇善战,但兵凶战危,谁都难保不死,得能免去这场战祸,除了少数想在征战中升官发财的悍将之外,尽都欢喜。

耶律洪基心中一凛:"原来我这些士卒也不想去攻打南朝,我若挥军南征，也却未必便能一战而克。"又想："那些女真蛮子大是可恶，留在契丹背后，实是心腹大患。我派兵去将这些蛮子扫荡了再说。"举起宝刀，高声下旨："北院大王传令下去，后队变前队，班师南京！"

军中皮鼓号角响起，传下御旨，但听得欢呼之声，从近处越传越远。

耶律洪基回过头来，见萧峰仍一动不动地站在当地。耶律洪基冷笑一声，朗声道："萧大王，你为大宋立下如此大功，高官厚禄，指日可待！"

萧峰大声道："陛下，萧峰是契丹人，曾与陛下义结金兰，今日威迫陛下，成为契丹的大罪人，既不忠，又不义，此后有何面目立于天地之间？"举起右手中的两截断箭，内力运处，右臂回戳，噗的一声，插入了自己心口。

耶律洪基"啊"的一声惊叫，纵马上前几步，但随即又勒马停步。

虚竹和段誉只吓得魂飞魄散，双双抢近，齐叫："大哥，大哥！"却见两截断箭插正了心脏，萧峰双目紧闭，已然气绝。

虚竹忙撕开他胸口的衣衫，欲待施救，但箭中心脏，再难挽救，只见他胸口肌肤上刺着一个青郁郁的狼头，张口露齿，神情狰狞。虚竹和段誉放声大哭，拜倒于地。

丐帮中群丐一齐拥上，团团拜伏。吴长风搥胸叫道："乔帮主，你虽是契丹人，却比我们这些不成器的汉人英雄万倍！"

中原群豪一个个围拢，许多人低声议论："乔帮主果真是契丹人吗？那么他为什么反来帮助大宋？看来契丹人中也有英雄豪杰。"

"他自幼在咱们汉人中间长大，学到了汉人大仁大义。"

"两国罢兵，他成了排解难纷的大功臣，却用不着自寻短见啊。"

"他虽于大宋有功，在辽国却成了叛国助敌的卖国反贼。他这是畏罪自杀。"

"什么畏不畏的？乔帮主这样的大英雄，天下还有什么事要畏惧？"

耶律洪基见萧峰自尽，心下一片茫然："他到底对我大辽是有功还是有过？他苦劝我不可伐宋，到底是为了宋人还是为了契丹？他和我结义为兄弟，始终对我忠心耿耿，今日自尽于雁门关前，当然决不是贪图南朝的功名富贵，那……那却又为了什么？"他摇了摇头，微微苦笑，拉转马头，从辽军阵中穿了过去。

蹄声响动，辽军千乘万骑又向北行。众将士不住回头，望向地下萧峰的尸体。

　　只听得鸣声哇哇,一群鸿雁越过众军的头顶,从夹峙的双峰之间,从雁门关上空飞行向南。

　　辽军渐去渐远,蹄声隐隐,又化作了山后的闷雷。

赏读

　　金庸是武侠小说绕不开的一座高峰。作为新派武侠小说的代表作家,金庸一改早期武侠小说纯粹商业化,只作娱乐消遣的格局,将自己笔下的武侠世界赋予"家国天下"的深沉情怀,这成为金庸武侠小说的鲜明印记。本文节选自《天龙八部》,小说即是体现"家国天下"宏大命题的代表之作。书中向读者铺开了广阔的社会历史背景,地跨宋、辽、大理、西夏、吐蕃五国,并借由乔峰(萧峰)、段誉、虚竹三位主人公的不同线索交织出曲折离奇的恩怨情仇与耐人寻味的民族大义。全书主旨"无人不冤,有情皆孽",既包含了对人性的叩问,又反映了深刻的佛学思想。

　　选文部分讲述了萧峰在宋辽两国交兵的紧要关头,为排解两国纷争,不惜以身犯险,挟持辽帝,出言苦劝,最后选择自尽阵前以死明志的悲壮故事。可以说,萧峰的身世之谜一直是全书的重要悬念,而其契丹人身份的揭露则又激起了对峙双方"非我族类"的矛盾纠结。中原群豪与耶律洪基的疑惑,实际正是古时"华夷之辨"的一种延续。自古而今,我们都习惯以族群区分彼此甚至划分敌我。但在萧峰身上,从前惯用的标尺失效了。"汉人"抑或"契丹人","忠诚"抑或"仁义",都不足以解释萧峰的自我牺牲。或许萧峰的一段感慨可以作为注脚:"若不是有人揭露我的身世之谜,我直至今日,还道自己是大宋百姓。我和这些人说一样的话,吃一样的饭,又有什么分别?为什么大家好好的都是人,却要强分为契丹、大宋、女真、高丽?你到我境内来打草谷,我到你境内去杀人放火?你骂我辽狗?我骂你宋猪?"

　　这里作者提出了对"华夷之辨"的质疑。而在《神雕侠侣》中,金庸曾借郭靖之口道出了"侠之大者,为国为民"的理念,这也成为金庸丰富传统武侠精神的重要建树。从《射雕英雄传》到《天龙八部》,从"家国"走向"天下",我们可以看到金庸在思想观念上的转变以及在精神境界上的开拓。家国情怀与民族大义固然都值得高度肯定和倍加珍视,然一旦滑向"非我族类"的仇恨深渊,那么就可谓"失之毫厘,谬以千里"了。

金庸笔下的"萧峰之死",除了阐发作者对民族大义的理解外,也折射出作者人生际遇中某种幽微的情愫。有论者指出,金庸笔下的主人公,往往都在完成一个"寻父"的故事,《天龙八部》尤为如此。三位主人公身世都扑朔迷离,以萧峰为最,包括慕容复、王语嫣、阿朱、阿紫等人,都面临着"寻父"的困境。论者有意将金庸父亲不幸早逝的遭遇结合起来加以论证,笔者不敢妄断,但似觉意犹未尽。与其说上述情节是作者在感情上"寻父"的直观诉求,毋宁说是对其自身身份认同的深沉追问。金庸早年背井离乡,只身寄居在华洋杂处的香港,后与父亲竟成永诀。从此,故乡就从地理上的故乡转变成了精神上的故乡,最后又成了文化上的故乡。笔者更相信,"寻父"只是一种表征,是对故国家园割舍不断而又游移不定、顺理成章而又艰难重重的血脉回溯。

或许,夜阑人静之时,金老爷子会听着罗大佑的《亚细亚的孤儿》,低声念起鲁迅"两间余一卒,荷戟独彷徨"的诗句。这时他会感叹:维多利亚港的流波,毕竟不是胜绝天下的海宁潮啊!

1. 金庸:《天龙八部》,广州:广州出版社2013年版。
2. 金庸:《射雕英雄传》,广州:广州出版社2013年版。
3. 傅国涌:《金庸传》,杭州:浙江人民出版社2013年版。

从森林里来的孩子[1]

张　洁

一

上路以前,伐木工人的儿子孙长宁把他喂养着的小鸟全都放走了。

这些鸟儿,是他亲密的伙伴,伴随他的童年和少年。

它们不停地啁啾着,仿佛是对他倾诉着依依的怀恋。但是,孙长宁的心,已像那矫捷的燕子,直向云端,展翅飞旋。

远去的燕子啊,却又回过头来,俯向大地,在一片桦树林上久久盘旋,并且停落在一座墓前,絮絮地叮咛着亲密的伙伴:请你们常常到这墓前的白桦树上栖落,再像我一样为他唱着愉快的歌;每当春天来到,不要忘记衔泥啄土,为他修垒着茔墓。愿他墓前的野花如星、草儿长青……

我多么愿意把他一同载走,向着太阳,向着晴空,为了这样一个美好的日子,他曾等待了许久,许久!可是,他早已化

---

[1]　选自《北京文艺》1978 年第 7 期,有改动。张洁,1937 年生于北京。著有《沉重的翅膀》《无字》等作品。

作大森林里的泥土，年年月月养育着绿色的小树。

啊，但愿死去的人可以复生，但愿他能够看见粉碎"四人帮"重又给我们带来这光明、这温暖、这解放！

长眠在这白桦树下的那个人，他是谁？他为什么这样地牵萦着这个少年人的情怀呢？

那个人既不是亲属，也不是自小一块长大的伙伴……

6年前的一个夏天，他跟着给伐木队送鱼的人们，去看望想念中的爸爸，也去看望想念中的大森林！

在林区长大的孩子，怎能不爱森林？

夏季的夜晚是短的，黎明早早地来临。太阳还没有升起来以前，森林、一环一环的山峦，以及群山环绕着的一片片小小的平川，全都隐没在浓滞的雾色里。只有森林的顶端浮现在浓雾的上面。随着太阳的升起，越来越淡的雾色游移着、流动着，消失得无影无踪。沉思着的森林，平川上带似的小溪全都显现出来，远远近近，全是令人肃穆的、层次分明的、浓浓淡淡的、深深浅浅的绿色，绿色，还是绿色。

森林啊，森林，它是孙长宁的乐园：他的嘴巴被野生的浆果染红了；口袋被各种野果塞满了；额发被汗水打湿了；心被森林里的音乐陶醉了。

陈年的腐叶在他的脚下"沙沙"地响着；风儿在树叶间"飒飒"地吹着；蝴蝶飞着，甲虫和蜂子"嘤嘤"地哼着；啄木鸟"笃笃"地敲着。一只不知名的鸟儿叫了一声，又停了下来，从森林的深处传来了另一只鸟儿微弱的啼鸣，好像是在回答这只鸟儿的呼唤。接着，它们像对歌似的一声送一声地叫了起来。引起了许许多多不知藏在什么地方的鸟儿的啼鸣，像有着许多声部的混声合唱。远处，时不时地响着伐木工人放倒树木的呼声："顺山倒——"；"横山倒——"。这声音像河水里的波浪似的荡漾开去："顺——山——倒——"；"横——山——倒——"。悠远而辽阔。森林里，一片乐声……

有一天，他提着一个大篮子到森林里去为伙房采蘑菇。那一年的雨水真多，蘑菇长得也真好！他原想够了，够了，不再采了。可是一抬头，他又看见在前面一棵棵的大树底下，几个大得出奇的蘑菇，像戴着白帽子的胖小子，歪着可爱的小脑袋在瞧着他，吸引着他向森林的深处走去。

突然，他听见了一种奇怪的声音。它既不像鸟儿的啼鸣缭绕，也不像敲打着绿叶的一阵急雨；它既不像远处隐隐约约的伐木工人那拖长了的呼声，也不像风儿掀起的林涛，可是它又像这许许多多的、他自小就那么熟悉的、大森林里的一切声响，朦胧而含混，像一个新鲜、愉快而美丽的梦。

他顺着这引路的声音找去，找哇、找哇，在一片已经伐倒了不少树木的林间空地上，坐着正在休息的伐木工人。和爸爸住在一个帐篷里的梁老师在吹着一根长长的、闪闪发亮的东西。所有的人，没有一点声息地倾听着这飘荡在浑厚的林涛之上的、清澈而迷人的旋律。这旋律在他的面前展现了一个他从来未见到过的奇异的世界。在这以前，他从不知道，除了大森林，世界上还有这么美好的东西。

那是什么呢？它是童话里的那支魔笛吗？

孙长宁早已刨根问底地知道了他的底细。梁老师是从北京来的。他为什么会到这遥远的森林里来呢？因为他是"黑线人物"；因为他积极地搞了17年的"文艺黑线专政"。他有罪，他是被送来劳动改造的。他有一种难以治愈的、叫做"癌"的病症。

他曾问爸爸："什么是'黑线人物'？"

"……"

"什么叫'文艺黑线专政'？"

"……"

"他是个坏蛋？"

"胡说八道什么，你知道什么叫坏蛋……眼下什么全都拧了个儿，好的成了坏的，坏的成了好的！"

"到底谁是好人，谁是坏蛋呢？"

"你问我，我问谁去？"爸爸生气了。孙长宁也糊涂了。他也不去想了。反正爸爸跟梁老师好，梁老师就不会是坏蛋。因为爸爸是好人，而好人是不会和坏蛋好。这点孙长宁很清楚。

"他怎么不回北京治那个病去呢？"

"他不愿意！"孙长宁又不懂了，还有得了重病不治，而活活等死的人？

"为什么？"

"什么为什么？他非得认罪，投降，出卖，陷害别人，人家才让他回去治病！"

"那……"孙长宁问不下去了。即使在孩子概念里，投降、叛徒也是最可耻的。

孙长宁从掌声和笑声中清醒过来。人们舒展、活动着四肢，重又开始劳动去了。只有他痴痴地站在梁老师的面前，既不走开，也不讲话。其实，他心里有许多话在翻腾着，可是他找不出一句话来表达这片笛声在他心里引起的共鸣，他的眼睛充满了复杂而古怪的神情：好像失去了什么，却又得到了什么。

这片在生活里偶然出现的笛声，使他丢掉了孩提时代的蒙昧——得到可爱的孩子的蒙昧！而自小在大自然里感受到的，那片混沌、模糊、不成形的音响，却找到了明晰的形象。在这众多热情、粗犷的听众里，却只对孙长宁成为一种必然。仿佛他久已等待着这片笛声。

梁老师被他的神情深深地触动了，问道："你喜欢吗？"

他点点头。又何须说呢？

梁老师特地为他演奏起来。孙长宁的心重又被激动着，还是说不出一句话来。他苦恼了，皱着自己的眉头。突然，像是受到了什么启示，他撅着嘴唇，用口哨把梁老师吹过的乐曲中的几个小节重复了出来。他的脸立时放出光彩。这口哨比什么语言都更能表达他心里的感受。

发现孙长宁能那样准确无误地重复他吹过的几个小节，梁老师也兴奋了。他接着又吹出一个小小的乐段，仿佛在用石子试探着湖水的深浅。孙长宁依然准确无误地重复出来。梁老师激动得如同获得了意外的珍宝，赞叹地想道：这个孩子有着多么惊人的记忆和准确的音耳啊！凭着丰富的经验和洞深的眼力，他敏锐地意识到，这个孩子的身上，潜藏着一种还没有充分而明确地表现出来的才能！

他们的心，被同一种快乐和兴奋激发着，在这旋律的交流里，彼此发现着，了解着，热爱着。忘记了他们之间的年龄的差别，忘记了时间已经渐渐地过去。

孙长宁死活不肯回家了。还要上学呀！那又有什么关系！

伐木工人中流传着的许多对抗联的回忆，还有围猎熊瞎子的故事，这就是语文课；一根根伐倒的树木，这就是数学课；劳动里还有许多学校里学不到的知识。梁老师除了教他读、写、算，还教他吹那只魔笛。休息的时候，听梁老师为伐木工人演奏长笛。演奏常常是即兴的东西，伐木工人们往往从那动人的旋律里听到他们自己平时随随便便哼哼唱过的家乡小调，他们好像在这笛声中遇见了自己熟识的朋友，快乐而亲昵。

好像磁石似的互相吸引着。这一老一少，形影不离。孙长宁像爸爸和叔叔伯伯们一样，照顾着有病的梁老师。一点也不肯让他劳累。固执地干涉着这个年龄比他大几倍的、上了年纪的人。有时，为了使孙长宁欢喜，梁老师听任和迁就着他喜爱的这个孩子，仿佛他自己变成了一个比他还小的孩子——老孩子。但他常常隐瞒着自己的病情，却说："我觉得好多了，适当的锻炼可以增强体质，帮助我战胜疾病！"他热爱着劳动，并不是屈服于压力。

在共同的劳动中，梁老师进一步发现，大自然的优美和劳动的、创造的快乐，给了这个孩子丰富的想象能力。许多简单而纯朴的旋律，并不经过什么构思，却不断地、随便地从他的口哨里流泻出来。当然，要使这样的旋律变成真正的乐曲，还需要他和孩子进行艰苦而持久的努力。他多么喜爱这个气质朴实的孩子，又多么珍惜这个孩子的才能啊！

他知道，生命留给他的时日已经不多了。他争分夺秒地把他留在世上的最后的时光全都用在孙长宁的身上。他相信乌云会散去，真理会胜利，真正的艺术将会流传下去。这个生长在遥远的林区里的孩子，一定会成为一个出色的音乐家，会的！

他从不迁就孙长宁的懒惰。为了一个小小的乐句，他会让他重复十几次，几十次。逼得孙长宁简直要扔掉那支可恶的长笛。因为它不肯听他的话，不是漏掉一个音节，就是错了节奏。

他对孙长宁说："不错，你有天赋！可是天赋就像深藏在岩层底下的宝石，没有艰苦的发掘、精心的雕琢，它自己是不会发出光彩来的！"孙长宁重又拿起那支可恨而又可爱的长笛。唉，谁能理解这其中的快乐和苦恼呢？

他坚决打碎孙长宁的任何只从技巧着眼的企图。"这是浅薄！"他生气地敲着乐谱，"我要你表现的是艺术而不是单纯的技巧！你必须力求理解你要表现什么！理解，首先是理解！"

当他终于听到孙长宁能够完美地演奏一个乐曲的时候，隐忍着癌症带给他的疼痛，他微笑了——那么美的微笑，使孙长宁久久不能忘记。

尽管伐木工人们常常从大森林里弄到珍贵的药材和补品；尽管许许多多的验方，从各个角落、各种渠道流向这偏远的森林，梁老师的病情还是越来越严重了。但他并不感到悲观和消沉，看着孙长宁的成长，他欣慰地想到：

在他生命的最后时刻,他做了这样一件有意义的事情。"四人帮"和疾病夺去的,只能是他的肉体,而他的精神却在这个少年人的精神里,活泼泼地、充满生机地、顽强地、奋发不息地继续下去。

离去的时候,他很清醒,皱着眉头,思索着应该留下的最重要的东西。他把自己的长笛和几年来在森林里谱写的乐谱一齐交给了孙长宁。"我用它们工作、战斗了一生。现在,我把它们交给你。你要尽自己的一生,努力地用它服务于人民。音乐,是从劳动中产生的,应该让它回到劳动人民那里去。你已经学得不错了,可是离一个真正能表达劳动人民的思想感情,并且为他们所喜爱的艺术家,还相差很远!需要继续努力地学习,不要半途而废。可惜我已经不能和你共同来完成这个任务了……但是,总有一天,春天会来,花会盛开,鸟会啼鸣。等到那一天,你到北京去。那里,一定会有人帮助你完成这个任务。记住,不论将来自己达到了一个什么样的辉煌的顶点,决不能把自己的才能当成商品!懂吗?"

"懂!"孙长宁呜咽着。

"傻孩子,哭什么!我教给你的东西,你都能记得吗?"他指的,不只是长笛。

"记得!"

梁老师宽慰地笑着,闭上了眼睛。

他就这样地去了。带着他的才华,带着他的冤屈,带着一个共产党员的坚贞,带着许许多多没有说完的话、没有做完的事!

当最后一锹泥土撒向墓穴的时候,森林里响起了风涛。孙长宁听见有人在旁边轻轻地说:"多好的一个人给糟蹋了!"于是,他忘记了自己是一个"男子汉",抱着墓前的一棵白桦树,失声痛哭了。他已经不怕送葬的人们看见他的眼泪,又有谁能说这是软弱呢?

这就是长眠在白桦树下的,使孙长宁永远不能忘记的那个人。

二

孙长宁紧紧地靠着车窗坐着,整天整夜不能入睡。

他看着远处村落里的星火,两三点地、两三点地在浓浓的黑夜里闪现,又缓缓地向后游移而去。他看着大地渐渐地从黑夜中醒来,在阳光的照耀下，森林、田野、山峦、河流、湖泊……显现着越来越绚丽的色彩和磅礴的生命力。这就是祖国，是梁老师力求在音乐中表现的亲爱的祖国啊……

他把手伸进口袋，紧紧地捏着那张去北京的火车票，不愿意撒手。仿佛那张车票就是他将要投身进去的、为它贡献出全部热情的生活的一个部分。

幻想像浪潮似的，还没有等这个浪头退下去，另一个浪头又涌了上来。在这幻景之上，是梁老师那双期待的眼睛。

怀着一颗天真而没有一点思虑的心，他来到了北京。除了因为渴望而引起的急切以外，想到的只是不容置疑的成功。

在音乐学院，他看见一间门上写有"招生委员会"字样的房间。他推门进去，一位年青的、有着明媚的微笑的女同志问他："你有什么事？"

他兴冲冲地答道："我来报考音乐学院！"他无论如何也抑制不住那傻里傻气的微笑在自己的脸上绽开。

她却毫不介意地回答："你来晚了，报名的时间早已过去了。"

啊！真的？这句无情的话，来得那么突然，以致那傻里傻气的微笑还来不及退下，就凝固在脸上，使他那生动的脸变得那么难看。像每一个第一次和社会生活发生接触的人一样，因为突然遇到了那没有经验的心所意想不到的、主观和客观的距离，他感到茫然失措。一种千里而来、失之交臂的遗憾之感几乎使他落泪。

他急迫地说："我是从很远、很远的地方赶来的！"

"可是初试都已经考完了。今天也已是复试的最后一天了。"

"那么，就让我参加复试吧！"他又鼓起一线希望。毕竟还没有彻底地结束。

"那怎么行呢？参加复试的考生是从初试中选拔出来的，你没有参加过初试，怎么能参加复试呢？"

这么说，已经没有一点可以争取的余地了。他失神地站在那里。说不出一句话，也想不出一点挽回这种局面的办法。有谁能帮助自己呢？又有谁能了解自己的心情呢？这个人口那么多、地方那么大的城市，显得多么陌生啊！

看着他那失神的样子，那位女同志十分抱歉地加上了一句："真是对不起，这是规定！"仿佛是受了他的感染，那明媚的微笑从她那年青的脸上退去了。

校园里，到处都是舒展的笑脸，为了迎接这个像节日似的、使人兴奋的日子，年轻的人们着意地把自己修饰过了。他们怎能不高兴呢？12年来，多少年轻人的远大的抱负、美丽的幻想、热切的愿望全被"四人帮"禁锢在枷锁之中。他们盼哪，盼哪，终于盼到了这一天：粉碎了"四人帮"！解放了！解放了！他们的智慧、才能也像花朵似的开放了，五彩缤纷、交相辉映。

孙长宁漫游在这芳菲的百花园中，舍不得离去。

从许许多多的房间里，传来了钢琴、提琴、黑管、扬琴、琵琶……各种乐器的音响，在这各种乐器的轰响里，孙长宁那敏感的耳朵，一下子就捕捉到了从一间屋子里飘出来的长笛的柔声。仿佛听到了朋友的召唤，他向着那间屋子走去，没有人阻拦他。他不由得推开了房门，房门发出了很大的声响。有人责怪地"嘘"着这不合时宜的声音。他显眼地站在那间即使在冬天的寒冷中，温度显得过高的房间里。穿着老山羊皮袄，高筒的大头皮靴子，戴着长毛的大皮帽子。而这皮袄、靴子、帽子又都好像在捉弄他的不幸似的，崭新发亮。

房间一头的桌子后面，坐着几个主考和监考的教师。主考教授傅涛向擅自闯进考场的孙长宁严厉地瞪视着。

除了正在演奏的那位女青年，挨着墙边还坐着6位考生。

她演奏的是孙长宁相当熟悉的《布劳地克幻想曲》。演奏得不错，有着特别而独到的地方。在这熟悉的旋律里，孙长宁渐渐地忘记了自己的不幸，忘记了周围的一切，陷入了沉思。当她演奏完毕，鞠了一躬，返回墙边的椅子上的时候，他甚至没有听见教授严厉的问话："你有什么事？"他茫然不解地望着房间里的人们，不明白他们为什么全都生气地转向他。

"喂，孩子，请你出去，这是考场！"

孙长宁舔着由于几天来的疲劳、没有睡眠、不正常的饮食而变得干裂的嘴唇，十分抱歉地说："对不起，我也是来参加考试的！"

桌子后面的教师们骚动起来。他听得见他们的低声交谈。

"谁让他闯进来的呀？"

"怎么搞的？这又是从哪儿冒出来的？怎么能随便闯进考场来呢？"

"真是乱弹琴！"

教授耐着性子对他解释着："报名的时间已过了，现在连复试都要结束了!"

人们的淡漠使孙长宁那敏感的自尊心感到了极大的难堪。"如果只是为了考大学,我是应该回去了……"他喃喃着,脸红了,也就更不能说清自己的思绪。是的,他真想退出这个使他的脊背冒汗的房间。

"是呀,今年不行了,明年再说吧!打倒了'四人帮',再也不会有人压制有才能的孩子上学深造了。以后每年我们都会进行正常的招考啦!现在还是出去吧,不然就要影响我们的考试了!"

为什么还要赖在这里呢?走就是了,很简单,只要转过身去,扬起脑袋,拉开房门。可难道这次千里迢迢赶来考试,仅仅是自己的一种个人爱好吗?不,不是!他想起梁老师在弥留的时刻对他说过的那些话。不,不能走!这是梁老师留下来的任务,只能完成,不能退却。孙长宁明白自己的责任:必须把梁老师没有说完的话,没有做完的事,一生一世地、永不松懈地继续下去。不,他没有权力逃走。他叉开两腿,比以前更牢地钉在那里。

他那低垂着、羞涩的眼睛抬起来了。那是一双像秋日的晴空一样明澄的眼睛,坚决而迅速地说起来:"就是因为打倒了'四人帮',我才从几千里地以外赶来的。不然,我还不来呢!老师们!还是请你们听一听吧,哪怕是只听一个曲子,也算我没有白跑几千里地!"说着,热泪忽然充满了他的眼眶。

傅涛教授不由得细细地打量着这个固执而古怪的孩子。孩子手里那个装长笛的盒子不知为什么引起了教授的注意。盒盖左上角的护皮脱落了……好像在哪里见过这个盒子似的,或许这个孩子有点来历?是不是应该让他试一试?

也不知是因为他是显得那么疲惫,还是因为他所表现出来的严肃的、非达到目的不可的坚强意志,他的话引起了那7位考生的由衷的同情。

他们一齐为他力争。

"老师,让他演奏一个吧!"

"请允许吧!"

孙长宁那紧绷绷的心弦松弛了。他感动地想:不,这个城市并不陌生!

这7个考生,他们难道不知道在7名复试的考生中,只录取3名吗?知道!他们难道不知道再增加一个人,就会变成8名里头录取3名吗?知道,当然知道!就是这7个人,已经是难分高低上下,让教师们一个也舍不得丢下啊！一股热乎乎的激流，冲动着每一个教师的心！教师们不由得同意了这个顽强的孩子。还只能称他孩子，他大概只有14岁吧？

孙长宁脱下了那件几个昼夜也未曾离身的大皮袄，摘下了大皮帽子。一缕柔软的、卷曲的额发立刻垂落到向两鬓平平地展开着的眉毛上，带着初出茅庐的年青人的局促，向教师们询问地张望着，仿佛在问，"我可以开始了吗？"教授点了点头，心里想：倒像一个行家似的！他又用舌头再次舔了舔自己干裂的嘴唇，开始羞怯地、仿佛怕惊吓了谁似的，犹犹豫豫地吹着。教师中有人开始在坐椅上扭动起来，好像他们的怀疑得到了证实——根本就是一场胡闹。

可是，不一会儿，孙长宁自己就被乐曲中表现出来的东西感动了。他不再记得这是考场，仿佛他重又对着那无涯无际的森林在吹；对着山脚下那像童话中的木头小屋在吹，小屋顶上积着厚厚的雪，从凝结着冰花的小窗里透出了温暖的灯光。那儿，是他亲爱的故乡……

当明亮、质朴、优美得像散文诗似的旋律流泻出来的时候，教授被深深地感动了。尽管他一生不知道听过多少优美的作品和多少名家的演奏，但这个少年人的演奏仍然使他着迷。

他感到神奇，他几乎不再看见面前这个少年人的形体。仿佛这个少年已经随着什么东西升华，向着高空飞旋而去。这儿，从不轻易在人们面前打开的心扉敞开了。从敞开的心扉里，他看见了一个优美而高尚的灵魂。不，或许还不止于此，他还看见了那个没有在这个考场上出现的人，是他，培育了这样的一个灵魂。那人和这少年一同在倾诉着对光明的渴望，对真理的追求，对生活的热爱……是的，世界上有不相通的语言，而音乐却总是相通的。

不知为什么，他对这少年人渐渐地产生了一种内疚。因为他差一点犯了一个不小的错误：轻慢地放过这样一个有才华的孩子，一个或许将会闻名于世界的音乐家。唉，人们是多么容易从主观出发啊！

很显然，这个少年人不是从城市里来的。可是，他又是从哪里受到了这样严格而正规的训练呢？他的表现手法严谨而细腻。一种似曾相识的感觉引起了教授的联想。他又想起了那个好像在哪见过似的装长笛的盒子。仿佛有一个缥缥缈缈的、若有若无的声音在无边的旷野里呼唤着他。啊，为什么？为什么？在这个少年人的身上却浮现出另一个人的身影？那个人早已不在人世啦，可为什么忠诚的心却仍在固执地寻找着他的踪迹？像闪电一般迅速的思绪又把自己带到了哪里？这是考场啊！教授摇着脑袋，责怪着自己。

孙长宁轻轻地收住了音响。

傅涛教授却早已忘记了自己应尽的一个主考教师的责任，仿佛在参加一个精彩的音乐会似的，神情恍惚地说："再演奏一个吧！"

孙长宁更自如地一个乐曲又一个乐曲地演奏下去。此时此刻，除了一片在春风里快乐地摇曳着嫩绿的枝条的、朴实无华的白桦林以外，他什么也看不见了。

这里好像已经不是考场。每个在场的人，不论是教师或考生，人人都回忆起了一些什么——一生里最美好的什么。

袅袅的余音在空气里萦绕着。远了，更远了，听不见了。

没有一个人愿意扰乱这些旋律在大家心里形成的感觉——干净的、纯洁的、向上的感觉。

还是孙长宁自己惶惑不安地开始踏动着双脚，不明白人们为什么这么敛无声息而又毫无表示。难道他没有很好地表现梁老师的作品里的精神？难道使他那么倾心热爱的作品竟不能打动这些人的心？他感到了深深的痛苦，他竟不能完成那许多年来激动着他的心弦的梦想——使梁老师在他那常青的、永生的作品里再生？

但那7个考生突然热烈地喊起来：

"老师，这才是真正的第一名！"

"没错，他第一，第一！"

"第一名是他的！他应该被录取！"

教师们看着那7双眼睛，这来自祖国四面八方的7双眼睛，突然变得那么相像，仿佛是7个孪生的兄弟姐妹：天真、诚挚、无私而年轻。多么可爱的年青人呐！

孙长宁觉得好像一下子被人从深谷推上了山巅。他发懵了。他还没有意识到自己做了什么，只是呆头呆脑地听着大家发出的各种评论，好一会工夫他才反应过来，生怕人们会在欢腾里忘记，激动而大声地说："不，这不是我。这是那作品，只是那作品……"

教授立刻理解了这颗高尚的心。"对，告诉我，这是谁写的？我怎么从来没有听到过？"

"我的老师!"

"他现在在哪儿?"

"他……他在森林里!"

"在森林里?!"那缥缥缈缈、若有若无的呼唤一下子变成了鲜明而生动的形象,站在教授的面前。难道真的是他?难道这个少年是他的学生?竟然会有这样巧合的事么?心脏痛苦地缩紧了,悲愤和哀伤重又塞满了胸膛。

他紧张地盯视着孙长宁嘴角旁边的每一条肌肉的细微的变动,生怕自己的听觉有所误差而漏过一个字眼,或是一声轻微的叹息,又生怕这个少年会像变魔术似的从他的眼前突然消失。

孙长宁又拿起长笛,简单地说明着:"这是我为老师写的!"

那支曲子粗糙而幼稚,变调部分也显得突奇。可是它饱含着愤怒的控诉和深情的怀念,仿佛要胀裂那支长笛,让人回肠荡气。两行又苦又涩的热泪,顺着孙长宁那黝黑的、圆浑的、孩子气的脸庞静静地滴落下来,使坐在一旁听他演奏的人们不禁黯然神伤,凄然泪下!

然后,他慢慢地把长笛放在教授面前的桌子上,又从背包里掏出厚厚的一叠乐谱,说道:"这是老师留下的!"

在乐谱的封面上,教授看到了工整而熟悉的笔迹,端正地写着:梁启明。

啊!果然是他!一时,不知是什么滋味充满了心头。好像再一次地和他相会,又再一次地和他分别。教授惨痛地想到那位最知己的朋友,同时代人里最有才华的一个,如今已是人亡物在,永不能相见的了。他抚摸着长笛和乐谱,感慨着这就是那个才华横溢、勤于事业、忠于理想的人留在世上的全部东西了。是全部吗?啊,远远不是,他抬起一双泪眼,宽慰地看着站在面前的这个少年,拉过他的手,把少年人那热泪纵横的脸贴近自己的心田。不,生命并没有在那片白桦树下结束,往事也没有成为陈迹,这就是他,这就是他的生命的继续……

夜晚,当孙长宁躺在教授那松软的、散发着肥皂的清新气味的被窝里的时候,从浅绿色的窗帘的缝隙里,他看见天空中灿烂的群星在闪烁。

朦胧中,他觉得有人伏身向他,问道:"你觉得冷吗?"

他睁开惺忪的睡眼,一种温暖的感觉渗透了他的全身,他好像在这温暖中溶化了。"不，我觉得很温暖！"

他又闭上眼睛，留在意识里最后的概念是梁老师对他说过的一句话："你要尽自己的一生，努力地用它服务于人民！"

不论是他，或是和他一样在做着甜梦的那些考生，他们还都不知道，这时，在深夜的北京的上空，电波传送了党中央的声音：中央鉴于报考音乐学院的考生中有大量突出的优秀人才，支持该院增加招生名额，争取早出人才，多出人才！

等待着他们的，是一个美丽而晴朗的早晨——一个让他们一生也不会忘记的早晨！

张洁的作品擅长以浓烈的感情笔触探索人的心灵世界，细腻深挚，优雅醇美。这篇《从森林里来的孩子》与其说是一篇小说，不如说是一首叙事与抒情完美融合的长诗。

同学们阅读时可以从以下两个方面细心体会。

首先，是以诗意的语言营造童话般的世界。故事情节简单，讲述一个在森林里长大的孩子孙长宁在下放人员梁启明的指导下学习音乐，恢复高考后，他乘火车到几千里外的北京报考音乐学院，不料错过了报名时间，却在误闯考场后展现了他的才华，最终被考官赏识并破格录取。作者构建的是一个唯美的故事，人物思想与情感、场景的和谐与美好，仿佛带着读者进入到一个童话般的世界。

开篇大段的环境描写便充满了诗情画意："夏季的夜晚是短的，黎明早早地来临。太阳还没有升起来以前，森林、一环一环的山峦，以及群山环绕着一片片小小的平川，全都隐没在浓滞的雾色里。只有森林的顶端浮现在浓雾的上面。随着太阳的升起，越来越淡的雾色游移着、流动着，消失得无影无踪。沉思着的森林，平川上带似的小溪全都显现出来，远远近近，全是令人肃穆的、层次分明的、浓浓淡淡的、深深浅浅的绿色，绿色，还是绿色。"这样的文字让人胸襟开阔，心绪安宁。考场吹奏时，孙长宁"不再记得这是考场，仿佛他重又对着那无涯无际的森林在吹；对着山脚下那像童话中的木头小屋在吹，小屋顶上积着厚厚的雪，从凝结着冰花的小窗里透出了温暖的灯光。那儿，是他亲爱的故乡……"在这样诉诸视觉的音乐画面里，文字充满了暖意，让读者在无声的阅读中倾听到了美妙笛声。整篇小说阅读下来，我们都沉浸在一个令人陶醉的优美、纯净的天地，久久不愿离去。

其次，以柔和、融洽的人物关系歌颂了淳厚、善良的人性。这曲人性的赞歌奏响在"文革"结束、粉碎"四人帮"的第一个年头里，有其特别的意义。"文革"固然是对人性的扭曲，但在那座遥远的森林里窖藏了人内心深处的善，在拨乱反正而振奋着人心的氛围里，人们本来的热情与真诚觉醒了。孙长宁与梁启明，孙长宁与面试的其他考生，孙长宁与傅涛教授，傅涛教授与他的好友梁启明，所有这些人物关系都是正向积极、令人鼓舞的。

单纯干净的大森林培育了孙长宁单纯干净的心灵，梁启明成了这个孩子音乐和人生的启蒙老师，在他纯洁的心灵里播种了积极向上追求真理、为民服务的信念。而孙长宁深受老师价值观的影响，从老师的笛声中读懂积极的生活态度，每一天都深切地体会着顽强、奋发不息的生命带来的追求自由的快乐，在考场上演绎的不仅是自己的热情、渴望和追求，更是老师生命的韧度和辉煌。面试的其他考生面对竞争压力能一起为他争取演奏的机会，当他演奏结束后又一致热烈地推他为第一名，这是音乐的魅力，也是少年纯洁无私的情怀所致。当然，还有傅涛教授的惜才爱才，对知己梁启明的钦佩和追念，无不展示了人与人之间的温暖。这并不是作者对"文革"在这块土地上投下的道德阴影视而不见反而故意美化，而是作者在经历了失去之后对人性之善的珍惜和期盼。

作品对社会的批判是隐藏的、间接的，也是无处不在的。梁启明的遭遇，以及宁死不当叛徒的信念，折射出现实的荒诞；梁启明将个人苦痛化成教授孩子学习音乐的力量，苦痛愈深，对光明的渴求更炽烈，反映在他对孩子的悉心教导和孩子考场演奏时激发出来的巨大能量上。傅涛教授最后抱着孙长宁怀念他的知己梁启明，老泪纵横，令人扼腕、警醒。小说最后满怀激动和希望的讴歌正是人们从深重苦难中挣脱出来之后情感的释放。

有人认为，这篇小说受时代局限，难免有张贴政治标签的嫌疑。这种看法过于主观，也肤浅，或不能理解1937年生人的张洁所经历的主要年代赋予她的特殊感受，或没有准确地体会粉碎"四人帮"之后知识分子的普遍心态，忽视了他们遭受磨难获得新生后激发出来的对生活满怀的真诚和希望。恰恰是带有某些政治色彩的叙述，体现了一种特有的真实，是文学工作者们心路历程中绕不开的一段情结。这一段情结正是需要我们去了解和思索的，它将成为一个样本，供后人去研读那一代人的悲哀、喜悦、昂然和奋发。

1. 张洁：《世界上最疼我的那个人去了》，北京：人民文学出版社2006年版。
2. 张洁：《沉重的翅膀》，北京：人民文学出版社2013年版。

除夕情怀[①]

冯骥才

除夕是一年最后一天,最后一个夜晚,是一岁中剩余的一点短暂的时光。时光是留不住的,不管我们怎么珍惜它,它还是一天天在我们的身边烟消云散。古人不是说过"黄金易得,韶光难留"吗?所以在这一年最后的夜晚,要用"守岁"——也就是不睡觉,眼巴巴守着它,来对上天恩赐的岁月时光以及眼前这段珍贵的生命时间表示深切的留恋。

除夕是中国人最具生命情感的日子。所以此时此刻一定要和自己有着血缘关系的亲人团聚一起。首先是生养自己的父母。陪伴老人过年,有如依偎着自己生命的根与源头,再有便是和同一血缘的一家人枝叶相拥,温习往昔,尽享亲情。记得有人说:"过年不就是一顿鸡鸭鱼肉的年夜饭吗?现在天天鸡鸭鱼肉,年还用过吗?"其实过年并不是为了那一顿美餐,而是团圆。只不过先前中国人太穷,便把平时稀罕的美食当作一种幸福,加入到这个人间难得的团聚中。现在鸡鸭鱼肉司空见

[①] 选自《冯骥才语文课》(人民文学出版社 2017 年版),有改动。冯骥才,1942 年生于天津。著有《珍珠鸟》《俗世奇人》等作品。

惯了，团圆却依然是人们的愿望年的主题。腊月里到火车站或机场去看看声势浩大的春运吧。世界上哪个国家会有一亿人同时返乡，不都要在除夕那天赶到家去？他们到底为了吃年夜饭还是为了团圆？

此刻，我想起关于年夜饭的一段往事——

一年除夕，家里筹备年夜饭，妻子忽说："哎哟，还没有酒呢。"我说："我忙的都是什么呀，怎么把最要紧的东西忘了！"

酒是餐桌上的仙液。这一年一度的人间的盛宴哪能没有酒的助兴、没有醉意？我忙披上棉衣，围上围巾，蹬上自行车去买酒。家里人平时都不喝酒，一瓶葡萄酒——哪怕是果酒也行。

车行街上，天完全黑了，街两旁高高低低的窗子都亮着灯。一些人家开始年夜饭了，性急的孩子已经噼噼啪啪点响鞭炮。但是商店全上了门板，无处买到酒，我却不死心，无论如何也不能让这顿年夜饭没有酒。车子一路骑下去，一直骑到百货大楼后边那条小街上，忽见道边一扇小窗亮着灯，里边花花绿绿，分明是个家庭式的小杂货铺。我忙跳下车，过去扒窗一瞧，里边的小货架上天赐一般摆着几瓶红红的果酒，大概是玫瑰酒吧。踏破铁鞋终于找到它了！我赶紧敲窗玻璃，里边出现一张胖胖的老汉的脸，他不开窗，只朝我摇手；我继续敲窗，他隔窗朝我叫道："不卖了，过年了。"我一急，对他大叫："我就差一瓶酒了。"谁料他听罢，怔了一下，刷地拉开小小的窗子，里边热乎乎混着炒菜味道的热气扑面而来，跟着一瓶美丽的红酒梦幻般地摆在我的面前。

我付了钱，对他千恩万谢之后，把酒揣在怀里贴身的地方。我怕把酒摔了，然后飞快地一口气骑车到家。刚才把酒揣进怀里时酒瓶很凉，现在将酒从怀间抽出时，光溜溜的酒瓶竟被身体捂得很温暖。

当晚这瓶廉价的果酒把一家人扰得热乎乎，我却还在感受着刚才那位老汉把酒"啪"地放在我面前的感觉。他怎么知道我那时为年夜饭缺一瓶酒时急切的心情？很简单——因为那是人们共有的年的情怀。

于是我又想起，一年的年根在火车站上。车厢里人满为患，连走道上也人贴着人地站着。从车门根本挤不上去，有人就从车窗往里爬。我看一个年轻人，半个身子已经爬进车窗，车里的熟人往里拉他，站台上工作人员往外拽他。双方都在使劲，这年轻人拼命地往车里挣扎。就在这时候，忽然站台上的人不拉了，反倒笑嘻嘻把他推上去。我想，要是在平时，站台的工作人员决不会把他推上去，但此时此刻为什么这样做？为了帮他回家过年。

年，真的是太美好的节日、太好的文化了。在这种文化氛围里，人人无需沟通，彼此心灵相应。正为此，除夕之夜千家万户燃起的烟花，才在寒冷的夜空中交相辉映，呈现出普天同庆的人间奇观。也正为此，那风中飘飞的吊钱，大门上斗大的福字，晶莹的饺子，感恩于天地与先人的香烛，风雪沙沙吹打的灯笼和人人从心中外化出来的笑容，才是这除夕之夜最深切的记忆。

除夕是中国人用共同的生活理想创造出来——并以各自的努力实现的现实。

创作于 2008 年 1 月 18 日

赏读

冯骥才多才多艺，擅长创作小说和散文。他的散文就像诗，平缓而舒畅，像溪流涓涓流进读者的心田，甘甜回转，绵延柔长。他的散文充满烟火气，接地气、有中国味，寻常生活、平凡物件皆成文，情真辞美，意趣雅致，富于生活气息，又有思想哲理，更有浓厚情怀，四者一体，如一瓶层次丰富的葡萄酒。

他的散文还有一种自由流动的气质。作者的人到哪里，心就到哪里，就会对当地的文化有好奇、有悦纳，有思考、有创见。心随人走，笔随心动，文随心出，不拘一格，犹如晴空矫燕，灵动飘逸。

中国的风土人情和思想文化是冯骥才散文的重要题材，本文的背景就是春节。春节是天下华人共同的节日，除夕的团聚是春节最隆重、最神圣、最有温情的团聚。本文通过介绍自己的真实经历营造除夕当天的氛围。除夕团聚不能没有酒，酒是除夕年夜饭的仙液，饮酒微醺，能让人更好地共享盛世佳景，演绎人间至极欢乐。可作者家当时刚好没酒，于是一路寻找，寻找的过程就是感受除夕文化的过程，满街商铺关门为的就是尽情享受团聚的欢乐时光。作者踏破铁鞋，最后在一家家庭式的杂货店里看到了果酒。可是店主正在过年，那时没有比过年吃团圆饭更重要的事了，所以店主频频摆手表示不做生意了。但是冯先生一句"我家就差这瓶酒了"打动了同样在吃年夜饭的店主，这就是中国人共同的文化情怀，无需太多沟通，更不需要世俗的交易。作者因此宕开一笔，联想到中国人为了赶回家过春节团圆而挤火车的情形：乘客挤不上火车，于是熟人在里拉，窗外工作人员帮着往里推，这种情形不合世俗的规则要求，但春节是中国人的共同信仰，在回家的时刻，以一种不合乎规则的方式甚至狼狈的方式挤上火车太正常不过了。回家的路哪怕再艰辛，回到家看到亲人，看到满桌的美酒佳肴，一切都值了。

承载春节情感的不只是美酒佳肴，还有种种充满人情味的习俗。作者介绍年俗文化不是以一种严谨、冷峻的说明的方式来介绍，而是以奔腾的激情来传递、感染。交相辉映的烟花、风中飘飞的吊钱、红通通的福字、亮晶晶的饺子、明媚的香烛、多彩的灯笼，这一切构成了国泰民安的盛世场景，这些才是春节团聚时最动听的语言，再加上人人从心中外化出来的笑容，春节以其最美的方式诠释了"心有灵犀一点通"。中国的春节年俗强调和、喜、乐，注重家庭的团圆，注重家国一体、人与自然的相融。同学们在阅读这篇文章或者同类文章时要细细体味这一点。

除了品味这篇文章传达的文化美、人情美之外，同学们还要学习文章融情于事、融情于知识的巧妙写法，注意其中运用的联想、想象的思维方式，纵深挖掘，"入乎其中，出乎其外"，这样的散文才不会凝滞、刻板。

延伸阅读

1. 冯骥才：《冯骥才散文精选》（彩插版），武汉：长江文艺出版社2017年版。
2. 黄裳：《白门秋柳》，南京：江苏凤凰文艺出版社2016年版。

九月初九[①]

木 心

中国的"人"和中国的"自然",从《诗经》起,历楚汉辞赋唐宋诗词,连绵表现着平等参透的关系,乐其乐亦宣泄于自然,忧其忧亦投诉于自然。在所谓"三百篇"中,几乎都要先称植物动物之名义,才能开诚咏言;说是有内在的联系,更多的是不相干地相干着。学士们只会用"比""兴"来囫囵解释,不问问何以中国人就这样不涉卉木虫鸟之类就启不了口作不成诗,楚辞又是统体苍翠馥郁,作者似乎是巢居穴处的,穿的也自愿不是纺织品,汉赋好大喜功,把金、木、水、火边旁的字罗列殆尽,再加上禽兽鳞介的谱系,仿佛是在对"自然"说:"知尔甚深。"到唐代,花溅泪鸟惊心,"人"和"自然"相看两不厌,举杯邀明月,非到蜡炬成灰不可,已岂是"拟人""移情""咏物"这些说法所能敷衍。宋词是唐诗的"兴尽悲来",对待"自然"的心态转入颓废,梳剔精致,吐属尖

[①] 选自《木心作品一辑(八种):哥伦比亚的倒影》(广西师范大学出版社 2013 年版),有改动。木心(1927—2011),浙江桐乡人。著有《哥伦比亚的倒影》《素履之往》等作品。

新，尽管吹气若兰，脉息终于微弱了，接下来大概有鉴于"人"与"自然"之间的绝妙好辞已被用竭，懊恼之余，便将花木禽兽幻作妖化了仙，烟魅粉灵，直接与人通款曲共枕席，恩怨悉如世情——中国的"自然"宠幸中国的"人"，中国的"人"阿谀中国的"自然"？孰先孰后？孰主孰宾？从来就分不清说不明。

儒家既述亦作，述作的竟是一套"君王术"；有所说时尽由自己说，说不了时一下子拂袖推诿给"自然"，因此多的是峨冠博带的耿介懦夫。格致学派在名理知行上辛苦凑合理想主义和功利主义，纠缠瓜葛把"自然"架空在实用主义中去，收效却虚浮得自己也感到失望。释家凌驾于"自然"之上，"自然"只不过是佛的舞台，以及诸般道具，是故释家的观照"自然"远景终究有限，始于慈悲为本而止于无边的傲慢——粗粗比较，数道家最乖觉，能脱略，近乎"自然"；中国古代艺术家每有道家气息，或一度是道家的追慕者、旁观者。道家大宗师则本来就是哀伤到了绝望、散逸到了玩世不恭的曝日野叟，使艺术家感到还可共一夕谈，一夕之后，走了（也走不到哪里去，都只在悲观主义与快乐主义的峰回路转处，来来往往，讲究姿态，仍不免与道家作莫逆的顾盼）。然而多谢艺术家终于没有成为哲学家，否则真是太萧条了。

"自然"对于"人"在理论上、观念上若有误解曲解，都毫不在乎。野果成全了果园，大河肥沃了大地，牛羊入栏，五粮丰登，然后群莺乱飞，而且幽阶一夜苔生——历史短促的国族，即使是由衷的欢哀，总嫌浮佻庸肤，毕竟没有经识过多少盛世凶年，多少钧天齐乐的庆典、薄海同悲的殇礼，尤其不是朝朝暮暮在无数细节上甘苦与共休戚相关，即使那里天有时地有利人也和合，而山川草木总嫌寡情乏灵，那里的人是人，自然是自然，彼此尚未涵融尚未钟毓……海外有春风、芳草，深宵的犬吠，秋的丹枫，随之绵衍到煎鱼的油香，邻家婴儿的夜啼，广式苏式月饼。大家都自言自语：不是这样，不是这样的。心里的感喟：那些都是错了似的。因为不能说"错了的春风，错了的芳草"，所以只能说不尽然、不完全……异邦的春风旁若无人地吹，芳草漫不经心地绿，猎犬未知何故地吠，枫叶大事挥霍地红，煎鱼的油一片汪洋，邻家的婴啼似同隔世，月饼的馅儿是百科全书派……就是不符，不符心坎里的古华夏今中国的观念、概念、私心杂念……乡愁，去国之离忧，是这样悄然中来、氤氲不散。

中国的"自然"与中国的"人"，合成一套无处不在的精神密码，欧美的智者也认同其中确有源远流长的奥秘；中国的"人"内充满"自然"，这个观点已经被理论化了，好事家打从"烹饪术"上作出不少印证，有识之士则着眼于医道药理、文艺武功、易卜星相、五行堪舆……然而那套密码始终半解不解。因为，也许更有另一面：中国的"自然"内有"人"——谁莳的花服谁，那人卜居的丘壑有那人的风神，犹如衣裳具备袭者的性情，旧的空鞋都有脚……古老的国族，街头巷尾亭角桥堍，无不可见一闪一烁的人文剧情、名城宿迹，更是重重叠叠的往事尘梦，郁积得憋不过来了，幸亏总有春花秋月等闲度地在那里抚恤纾解，透一口气，透一口气，这已是历史的喘息。稍多一些智能的人，随时随地从此种一闪一烁重重叠叠的意象中，看到古老国族的辉煌而褴褛的整体，而且头尾分明。古老的国族因此多诗、多谣、多脏话、多轶事、多奇谈、多机警的诅咒、多伤心的俏皮绝句。茶、烟、酒的消耗量与日俱增……唯有那里的"自然"清明而殷勤，亘古如斯地眷顾着那里的"人"。大动乱的年代，颓壁断垣间桃花盛开，雨后的刑场上蒲公英星星点点，瓦砾堆边松菌竹笋依然……总有两三行人为之驻足，为之思量。而且，每次浩劫初歇，家家户户忙于栽花种草，休沐盘桓于绿水青山之间——可见当时的纷争都是荒诞的，而桃花、蒲公英、松菌、竹笋的主见是对的。

另外（难免有一些另外），中国人既温暾又酷烈，有不可思议的耐性，能与任何祸福作无尽之周旋。在心上，不在话下，十年如此，百年不过是十个十年，忽然已是千年了。苦闷逼使"人"有所象征，因而与"自然"作无止境的亲昵，乃至熟昵而狎黠作狎了。至少可先例两则谐趣：金鱼、菊花。自然中只有鲋、鲫，不知花了多少代人的宝贵而不值钱的光阴，培育出婀娜多姿的水中仙侣，化畸形病态为固定遗传，金鱼的品种叹为观止而源源不止。野菊是很单调的，也被嫁接、控制、盆栽而笼络，作纷繁的形色幻变。菊花展览会是菊的时装表演，尤其是想入非非的题名，巧妙得可耻——金鱼和菊花，是人的意志取代了自然的意志，是人对自然行使了催眠术。中庸而趋极的中国人的耐性和狷癖一至于此。亟待更新的事物却千年不易，不劳费心的行当干了一件又一桩，苦闷的象征从未制胜苦闷之由来，叫人看不下去地看下，看下去。"自然"在金鱼、菊花这类小节上任人摆布，在阡陌交错的大节上，如果用"白发三千丈"的作诗方法来对待庄稼，就注定以颗粒无收告终，否则就不成其为"自然"了。

从长历史的中国来到短历史的美国，各自心中怀有一部离骚经，"文化乡愁"版本不一，因人而异，老辈的是木版本，注释条目多得几乎超过正文，中年的是修订本，参考书一览表上洋文林林总总，新潮后生的是翻译本，且是译笔极差的节译本。更有些单单为家乡土产而相思成疾者，那是简略的看图识字的通俗本——这广义的文化乡愁，便是海外华裔人手一册的离骚经，性质上是"人"和"自然"的骈俪文。然而日本人之对樱花、俄罗斯人之对白桦、印度人之对菩提树、墨西哥人之对仙人掌，也像中国人之对梅、兰、竹、菊那样的发呆发狂吗——似乎并非如此，但愿亦复如此则彼此可以谈谈，虽然各谈各的自己。从前一直有人认为痴心者见悦于痴心者，以后会有人认知痴心者见悦于明哲者，明哲，是痴心已去的意思，这种失却是被褫夺的被割绝的，痴心与生俱来，明哲当然是后天的事。明哲仅仅是亮度较高的忧郁。

中国的瓜果、蔬菜、鱼虾……无不有品性，有韵味，有格调，无不非常之鲜，天赋的清鲜。鲜是味之神，营养之圣，似乎已入灵智范畴。而中国的山山水水花花草草之所以令人心醉神驰，说过了再重复一遍也不致聒耳，那是真在于自然的钟灵毓秀，这个俄而形上俄而形下的谛旨，姑妄作一点即兴漫喻。譬如说树，砍伐者近来，它就害怕，天时佳美，它枝枝叶叶舒畅愉悦，气候突然反常，它会感冒，也许正在发烧，而且咳嗽……凡是称颂它的人用手抚摩枝干，它也微笑，它喜欢优雅的音乐，它所尤其敬爱的那个人殁了，它就枯槁折倒。池水、井水、盆花、圃花、犬、马、鱼、鸟都会恋人，与人共幸蹇，或盈或涸，或茂或凋，或憔悴绝食以殉。当然不是每一花每一犬都会爱你，道理正如不是每个人都会爱你那样——如果说兹事体小，那么体大如崇岳、莽原、广川、密林、大江、巨泊，正因为在汗漫历史中与人曲折离奇地同褒贬共荣辱，故而瑞征、凶兆、祥云、戾气、兴绪、衰象，无不似隐实显，普遍感知。粉饰出来的太平，自然并不认同，深讳不露的歹毒，自然每作昭彰，就是这么一回事，就是这么两回事。中国每一期王朝的递嬗，都会发生莫名其妙的童谣，事后才知是自然借孩儿的歌喉作了预言。所以为先天下之忧而忧而乐了，为后天下之乐而乐而忧了；试想"先天下之忧而忧"大有人在，怎能不戄然心喜呢，就怕"后天下之乐而乐"一直后下去，诚不知后之览者将如何有感于斯文——这些，也都是中国的山川草木作育出来的，迂阔而挚烈的一介乡愿之情。没有离开中国时，未必不知道——离开了，一天天地久了，就更知道了。

赏读

九月初九，秋渐深，瓜果飘香，牛羊入圈，五谷归仓，天朗气清，这是属于中国人的节日。这一天，中国人走出家门，走向山岭，拥抱自然。万物有情，菊花识人情，安慰了游子的心；茱萸懂人心，增强了故乡人的希望。在中国人眼里，自然不是客观存在，中国人是以自然、和谐、平等的眼光来看待自然的。自然有品性、通人情，彼此相看两不厌，这是中国人的自然观，物我相融，彼此痴爱，这就是木心《九月初九》要告诉我们的理和情。

本文第一段是从文学史的角度去探讨文学里的中国人与自然的关系。探究自然与人的关系是文学的永恒话题。纵观中国传统文学，似乎偏重于从人的视界来看高山大川平原、草木花鸟虫鱼，把人的情感意志投射到自然上来，自然一直是作为"他者"眼中的自然，木心认为这是"人的意志取代了自然的意志"。"中国的'人'和中国的'自然'"，从《诗经》起，历楚汉辞赋唐宋诗词，连绾表现着平等参透的关系，"乐其乐亦宣泄于自然，忧其忧亦投诉于自然"，自然成了中国文人的布娃娃，取自己想取，弃自己所厌。中国人与自然谁主谁宾难以分辨，有时自然是人眼中的自然，有时自然是有思维的人。

第二段从哲学宗教史的角度去探究中国人与自然的关系，跳跃而略显俏皮的语言中饱含了严密的逻辑。在作者看来，儒家看自然是君王术，格致理学的自然观堕入功利主义的魔道，佛教眼里自然是道具，唯有道家最近自然，艺术家最懂自然。从诗三百到唐宋诗词，作者以辛辣精妙的笔触点出中国古代文学与自然间万事万物是如何昵和，如胶似漆，文人不提"自然"简直无法成章成句，此种独特的怪现象已不是简单的"比""兴"所能解释的了。

第三段至第六段，作者笔锋陡转，以海外游子的视角来看不同国度的人看自然的逻辑和情感的不同。木心认为，历史短促的国度的人和自然总是隔着一层，自然和人并没有完全相融。身在异国他乡的华夏游子心中因隔着的人和自然，看国外从春风芳草到婴啼月饼，明明是相同的事物，却怎么感觉都不对，所以更加地想念故国的自然。故国的乡愁其实就是文化乡愁，缘故就是国外的自然少了那份与人"天人合一"的默契感。在评述西洋人的人与自然之后，作者不惜笔墨，深度挖掘中国的人与自然的关系密码：与其用"人"内有"自然"这种暧昧模糊、模棱两可的说辞，倒不如说是"自然"内有"人"。无论人遭遇辉煌还是苦难，自然总是细腻地慰藉着中国人，古老的国族的街头巷尾、山野僻岗，总有行人为一朵荒野边的小花驻足。不论时势多么艰难，国运多么衰败，自然却都"清明而殷勤，亘古如斯地眷顾着那里的人"，世间诸多纷扰，如过眼云烟，凡落寞、失意、颓丧、彷徨，心灵或肉体自我放逐于人世之外，都可在山野云林间觅得一处容身之地。说到底，自然是人类最终的归宿。

最后一段颇有意趣。小如中国的瓜果、蔬菜、鱼虾、花草，大如山川、河流、莽原、密林，无不有品性、有韵味、有格调，能够与人共悲欢同哀乐，瑞征戾象，无不有所感知。然而"粉饰出来的太平，自然并不认同，深讳不惧露的歹毒，自然每作昭彰"，可见对于人类煞费苦心的矫饰与虚伪，自然只是冷眼旁观，冷峻警醒。古人观天象而知人事。据各种史料记载，每逢一个王朝将要发生嬗递，历史将要发生祸乱，天象往往有异，星宿云层的变化都暗示着凶兆或吉兆。这一切是中国的山川草木所独有的，远距离打量中国，更能理解中国文化视野的人与自然。

阅读时，要注意把握作者的思路，比较是文章最成功、最精妙的一个手法。不同文学流派、不同宗教流派、不同文化的比较，让人对中国文化、对自然爱入骨髓，有大境界的人方能悟到自然对于人的真义。文章有些语言具有跳跃性，一些类似于急智式的妙语不妨多读几遍。

延伸阅读

1. 木心：《木心作品一辑（八种）：哥伦比亚的倒影》，桂林：广西师范大学出版社2013年版。

2. 木心：《木心诗选（精装）》，桂林：广西师范大学出版社2015年版。

3. 木心、陈丹青：《文学回忆录》，桂林：广西师范大学出版社2013年版。

祖　国

（或以梦为马）[1]

海　子

我要做远方的忠诚的儿子

和物质的短暂情人

和所有以梦为马的诗人一样

我不得不和烈士和小丑走在同一道路上

万人都要将火熄灭

我一人独将此火高高举起

此火为大　开花落英于神圣的祖国

和所有以梦为马的诗人一样

我借此火得度一生的茫茫黑夜

---

[1]　选自《海子的诗》（人民文学出版社 2013 年版）。海子（1964—1989），原名查海生，安徽怀宁人。著有《土地》《面朝大海，春暖花开》等诗歌。

此火为大　祖国的语言和乱石投筑的梁山城寨
以梦为上的敦煌——那七月也会寒冷的骨骼
如雪白的柴和坚硬的条条白雪
横放在众神之山
和所有以梦为马的诗人一样
我投入此火
这三者是囚禁我的灯盏　吐出光辉

万人都要从我刀口走过
去建筑祖国的语言
我甘愿一切从头开始
和所有以梦为马的诗人一样
我也愿将牢底坐穿

众神创造物中只有我最易朽
带着不可抗拒的　死亡的速度
只有粮食是我珍爱　我将她紧紧抱住
抱住她　在故乡生儿育女
和所有以梦为马的诗人一样
我也愿将自己埋葬在四周高高的山上
守望平静的家园

面对大河我无限惭愧

我年华虚度　空有一身疲倦

和所有以梦为马的诗人一样

岁月易逝　一滴不剩

水滴中有一匹马儿一命　归天

千年后如若我再生于祖国的河岸

千年后我再次拥有中国的稻田

和周天子的雪山

天马踢踏

和所有以梦为马的诗人一样

我选择永恒的事业

我的事业，就是要成为太阳的一生

他从古至今——"日"——他无比辉煌无比光明

和所有以梦为马的诗人一样

最后我被黄昏的众神抬入不朽的太阳

太阳是我的名字

太阳是我的一生

太阳的山顶埋葬　诗歌的尸体——千年王国和我

骑着五千年凤凰和名字叫"马"的龙——我必将

失败

但诗歌本身以太阳必将胜利

赏读

这首抒情诗写于 1987 年。1987 年是海子创作的巅峰期，是海子"冲击极限"写作大诗《太阳·七部书》的中期。

这首诗与海子的写作状态、抱负构成印证关系，是海子的诗歌理想和人生理想的宣示；令人唏嘘的是，这首诗也是谶语。他在 1987 年的一篇诗学文章中说："这一世纪和下一世纪的交替，在中国，必有一次伟大的诗歌行动和一首伟大的诗篇。这是我，一个中国当代诗人的梦想和愿望"，"我的诗歌理想是在中国成就一种伟大的集体的诗，我不想成为一个抒情诗人，或一位戏剧诗人，甚至不想成为一名史诗诗人，我只想融合中国的行动，成就一种民族和人类的结合，诗和真理合一的大诗"。从某种意义上说，海子几乎实现了自己的宏愿，写出了"民族和人类的结合，诗和真理合一的大诗"。

海子相信酒神体验，追逐太阳喊出生命的力量，对着土地喊出自己的理想，境界宏阔。诗歌分为三层，第一层，诗人面对庸俗的眼前现实，响亮地喊出"我要做远方的忠诚的儿子"，远方就是太阳，就是用祖国语言来重新构筑诗歌，诗歌里有物质的现实，更有理想气质和自由尊严，在众神之山上，相信自己有神的力量、神的智慧、神的决绝。万火熄灭，在远方举火炬，诗歌和自己都将涅槃。第二层，在激昂的远方宣示之后，诗人以酒神和日神之综合附体，用饱含激情又不乏理性的思维写出了诗人对语言的认识。20 世纪 80 年代，诗歌的现代主义之路就是追求形式的变异之路，在西方文化的华丽蛊惑下，放弃了中国的诗歌传统，忽略了诗歌语言的本质功能。所以，海子说自己不愿意做抒情诗人，海子要对诗歌的语言形式进行改造，这关涉到对生存和生命的理解。在这里，海子写出了他对祖国文化深深的眷恋和自觉的归属感，"祖国的语言和乱石投筑的梁山城寨/以梦为土的敦煌"。这里的语言除本义外，还扩展到种族的文化要义、文化氛围这一更辽阔的语境。这些是诗人精神中代代承传的"语言谱系"，海子要光大它们，"投入此火"，"甘愿一切从头开始"，"去建筑祖国的语言"。要重新激活昔日的传统是格外艰难的，它不仅对诗人的理解力、创造力构成考验，对其信心和意志亦构成考验。它是一种主动寻求的困境，并希望在困境中突围生还。因此，海子写道："这三者是囚禁我的灯盏吐出光辉"，"我也愿将牢底坐穿"。

除了要克服世俗的庸常力量，还要克服自身的庸常与怯懦，还有不可遏制的死亡速度。诗人感受到了自身的卑微："我年华虚度，空有一身疲倦。"激昂的酒神精神背后交织着有限人生的无力感，使命与宿命撕扯着诗人。第三层，诗人再次以神的姿态宣告千年后的"再生"，"以梦为马"，"天马踢踏"，奔驰于大地，纵横在五千年的历史之路，行走在周天子走过的路。历史如一条永不枯竭的大河，诗人和诗歌在这条路上可以走向太阳，走向不朽，以文化的不朽克服生命的速朽。如此，诗人的一生就是"成为太阳的一生"，而诗歌走向再生。

在强劲的感情冲击中，诗人稳健地控制着思路，三个层面彼此应和、对话、递进，结构严饬、硬朗。在高蹈的理想与谦卑的情怀、生命的圣洁与脆弱、诗人的舛途与诗歌的不朽之路……这些彼此纠葛的张力中，书写了一个中国诗人的赤子之情，也写出了诗人的理想：我只想融合中国的行动成就一种民族和人类的结合，诗和真理合一的大诗。

同学们在阅读这首诗时，要准确理解诗歌中那些华美意象：马、太阳、土地、火等，区分其所代表的含义，也要注意联系中华文化的独有词汇来把握诗人的诗歌理想，比如诗中提到的"梁山城寨""敦煌""周天子的雪山"。

延伸阅读

1. 海子：《海子的诗》，北京：人民文学出版社2013年版。

2. 顾城：《顾城的诗 顾城的画》，南京：江苏文艺出版社2009年版。

切磋琢磨

1. 金庸武侠小说塑造了众多个性鲜明、风格迥异的侠客形象，比如有儒家入世救国精神的郭靖、萧峰，有道家清净归隐思想的杨过、令狐冲，有佛家的顿悟和慈悲情怀的段誉、虚竹，甚至还有"非主流"、似侠非侠的韦小宝。你认为这些不同类型的侠客形象反映了金庸对武侠精神怎样的理解？你最喜爱的侠客形象又是哪一个？

2. 有人说，《从森林里来的孩子》的故事发生在"文革"劫难刚过的第一年，张洁却像一位清纯少女一样用诗情和音乐编织希冀和童话，显得有些矫情和造作。这些争议一直持续到现在。你是否同意上述对张洁的评价?为什么?

  提示:可以从中国传统文化的特点、女性特有的人物心理、社会巨变的时代背景等方面去加以讨论。

  3. 选一个最能反映家乡风土人情的特定节日,观察家乡人如何过节,思考探究节日背后的时代变化,写一篇散文,并在班里的读书分享会上交流。

明德惟馨

- 一件小事　鲁迅
- 我的遥远的清平湾　史铁生
- 旧燕　张中行
- 狗逢知己　琦君
- 门前　顾城

导读

　　生活的美好，是因为有爱，有善。人性中纯良的一面在物质至上的社会里容易被忽略、被抑制。儒家主张人与人之间相互亲爱，以此构建一个讲信修睦、和谐安宁的社会形态。这固然需要"谨庠序之教"，但是仅止于道德说教和仪礼规范是远不够的。文学作品以形象感染人、教育人，效果更好。孔子就十分重视《诗经》，曾多次训诫其弟子及儿子要学《诗》。孔子认为："《诗》可以兴，可以观，可以群，可以怨。"《毛诗序》继承孔孟的教化之说，强调"经夫妇、成孝敬、厚人伦、美教化、移风俗"，通过《诗》向人们作潜移默化的伦理道德教育，使社会形成良好的风尚。今天，我们阅读文学作品，就是要获得陶冶情操、净化心灵、提升道德的作用。

　　本单元所选的小说、散文、诗歌内涵丰富，可以作多元的解读，但它们有一个共同的特点，即充分表现了人性善良的一面，对人、对动物、对自然界的草木，都怀有悲悯、怜爱之心。也就是孟子所说的人皆有之的"恻隐之心"，只是"贤者勿丧"。丧失者可以从文学的芳草地上寻回一二。

　　鲁迅《一件小事》中的车夫身份卑微，远不及乘车赶路的"我"，可是在面对车前仆地的老太太时毫不迟疑地停车关注、搀扶送医，震撼了自私者"我"的内心。车夫淳朴良善、不受尘染的心灵世界是一面镜子，人需要这样的镜子用以照见自我的污渍，从而涤除干净。

　　史铁生《我的遥远的清平湾》，是黄土高原一曲人性的赞歌。它的魅力源自文字的平实温和、情感的悠然绵长、人心的纯粹敦厚。那个"破老汉"是中国农民的一个典型，是我们逐渐远去的祖辈父辈的身影，在他们身上，蕴藏着中国乡村所有优秀品质的回忆，质朴、耿直、坚毅、慈祥、善良……他们索取甚少，没有过多的奢望和要求，能用山歌去释放生活的煎熬，去承受多少个世纪以来的永远持续着的贫瘠与艰难，悲哀中显示力量，坚韧中透出顽强。所以在阅读的苦涩中能咀嚼出浓厚的回甘，给你力量和希望。

张中行《旧燕》，写燕子与人的关系，从过去的亲密自然到后来的警惕疏离，反映的是城市文明对乡村文明的冲击，包括自然生态的失衡，更有随顺忠厚人性的被侵蚀，作者没有明说，但在平和的谈话式的叙述中流露出深沉的惋惜和惆怅。

琦君《狗逢知己》表现对动物的关爱和怜悯，与我们很多孩子喜欢小动物的心情一样。这种情怀在女性和孩子身上体现得尤为突出，一方面是源于人的天性，另一方面是动物性使然。因此，我们不单可以感受到作者的慈悲，也会从动物性中反省自我。动物仅求温饱与安全，对人施与的厚待总会报以温驯和忠诚，甚而理解与宽容。

顾城《门前》，是对待生活的一种方式，在一个纷繁芜杂的社会，或许在一个窘迫艰难的境地，人依然怀有一颗童心，去寻求微小的幸福，虽然微小，却能放大到整个的人生。这种能让人觉察到"十分美好"的情境，其实不难获得，因为心中有爱，对自然的，对人的，于是一切都温柔、都和蔼、都甜美。这几篇选文读下来，会让我们安静许多，这种安静，能让我们思考更多、更远、更美好。

一件小事[①]

鲁 迅

　　我从乡下跑到京城里，一转眼已经六年了。其间耳闻目睹的所谓国家大事，算起来也很不少；但在我心里，都不留什么痕迹，倘要我寻出这些事的影响来说，便只是增长了我的坏脾气，——老实说，便是教我一天比一天的看不起人。

　　但有一件小事，却于我有意义，将我从坏脾气里拖开，使我至今忘记不得。

　　这是民国六年的冬天，大北风刮得正猛，我因为生计关系，不得不一早在路上走。一路几乎遇不见人，好容易才雇定了一辆人力车，叫他拉到S门去。不一会，北风小了，路上浮尘早已刮净，剩下一条洁白的大道来，车夫也跑得更快。刚近S门，忽而车把上带着一个人，慢慢地倒了。

　　跌倒的是一个老女人，花白头发，衣服都很破烂。伊从马路边上突然向车前横截过来；车夫已经让开道，但伊的破棉背心没有上扣，微风吹着，向外展开，所以终于兜着车把。幸而车夫早有点停步，否则伊定要栽一个大斤斗，跌到头破血出了。

[①] 选自《鲁迅集·小说散文卷（插图本）》（花城出版社2001年版），有改动。鲁迅（1881—1936），浙江绍兴人。著有《呐喊》《彷徨》等作品。

伊伏在地上；车夫便也立住脚。我料定这老女人并没有伤，又没有别人看见，便很怪他多事，要自己惹出是非，也误了我的路。

我便对他说："没有什么的。走你的罢！"

车夫毫不理会，——或者并没有听到，——却放下车子，扶那老女人慢慢起来，搀着臂膊立定，问伊说：

"你怎么啦？"

"我摔坏了。"

我想，我眼见你慢慢倒地，怎么会摔坏呢，装腔作势罢了，这真可憎恶。车夫多事，也正是自讨苦吃，现在你自己想法去。

车夫听了这老女人的话，却毫不踌躇，仍然搀着伊的臂膊，便一步一步的向前走。我有些诧异，忙看前面，是一所巡警分驻所，大风之后，外面也不见人。这车夫扶着那老女人，便正是向那大门走去。

我这时突然感到一种异样的感觉，觉得他满身灰尘的后影，刹时高大了，而且愈走愈大，须仰视才见。而且他对于我，渐渐的又几乎变成一种威压，甚而至于要榨出皮袍下面藏着的"小"来。

我的活力这时大约有些凝滞了，坐着没有动，也没有想，直到看见分驻所里走出一个巡警，才下了车。

巡警走近我说："你自己雇车罢，他不能拉你了。"

我没有思索的从外套袋里抓出一大把铜元，交给巡警，说："请你给他……"

风全住了，路上还很静。我走着，一面想，几乎怕敢想到我自己。以前的事姑且搁起，这一大把铜元又是什么意思，奖他么？我还能裁判车夫么？我不能回答自己。

这事到了现在，还是时时记起。我因此也时时熬了苦痛，努力的要想到我自己。几年来的文治武力，在我早如幼小时候所读过的"子曰诗云"① 一般，背不上半句了。独有这一件小事，却总是浮在我眼前，有时反更分明，教我惭愧，催我自新，并且增长我的勇气和希望。

一九二〇年七月②

---

① "子曰诗云"："子曰"即"夫子说"，"诗云"即"《诗经》上说"。泛指儒家古籍。这里指旧时学塾的初级读物。

② 据报刊发表的年月及《鲁迅日记》，本篇写作时间当在 1919 年 11 月。

赏读

小说中的"我"赶着去谋生计，雇的车撞倒了一个老女人，车夫丢下"我"扶她进巡警分驻所去了。对事件的认知，车夫和"我"的立场截然相反。两人的判断差异，是两人境界、处境、心境的差异。"我"脾气坏，看不起人，故而也不相信人；加之为生计奔波，不得不起早赶路，心里自然着急。所以"我"先是"料定这老女人并没有伤"，"料"纯属臆测，"定"显然霸道，再想"又没有别人看见"，凸显了一副自私、狡黠、阴暗的嘴脸，最后贬责其"装腔作势罢了"。车夫则不然，人本善良，且是底层卖苦力的人，不会不理解和同情一个穿着"破棉背心"的"老女人"的处境。出于职业的原因，车夫赶车时注意力全在路上，看得比顾客仔细，心境比顾客平和，所以他心中有数，对"我"怪他多事毫不理会。

这个对比，极为典型。"我"应该是一个读书人，"耳闻目睹的所谓国家大事"即辛亥革命后其果实被攫取的系列历史事件，使得自认肩负起改造社会重任的知识阶层陷入悲观失望之中。如鲁迅说的："见过辛亥革命，见过二次革命，见过袁世凯称帝，张勋复辟，看来看去，就看得怀疑起来，于是失望，颓唐得很了。"（《自选集·自序》）这个时候的他们心在峰巅，又不屑于挟权柄的顽钝腐败之徒；身在谷底，也不俯就下等社会以暴易暴一途。有鉴于此，作为知识界敏感心灵的杰出代表，鲁迅提出知识阶层解剖自己的课题。小说中的"我"，与其他知识分子一样，满怀自信和希望进入一项社会变革的伟大事业，不料在时局的泥淖中摔成重伤，泄了气，反倒增长坏脾气，对所有人都失望了。如果这样下去，社会更没有希望了。知识阶层必须反省，除了外部环境的影响，自身韧度的缺乏、利益的牵绊、孤傲的蚁附等，都无法使自己摆脱出来。怎么办？人们在讨论马克思主义、自由主义、传统儒家思想等，鲁迅也不例外，只是在1919年11月的一个夜晚，他从一个人力车夫身上找到"自新"的动力。车夫是清醒的、正直的、慈悲的。就算是责不全在车夫身上，"老女人"的破棉背心是风吹向外展开兜着车把的，即使就是"装腔作势"，但车夫的良心在。他本可以如"我"所示，置之不理，却放弃一次拉车收入，还要赔损时间、精力、金钱去照顾这个"老女人"。无论贵贱，人为着一个良心，牺牲利益，"自讨苦吃"，是有大境界的。良心，即仰俯不愧于天地的做人底线，在当时的知识分子身上就应该是公心，是社会改造的崇高目标。有此目标，受委屈、被剥夺、遭诬陷，都能平心静气地接受，都不会气馁而逃避、绝望。

"我"从"诧异"到有"异样的感觉"，觉得车夫形象"刹时高大了，而且愈走愈大，须仰视才见"，并"变成一种威压"，甚至"榨出皮袍下面藏着的'小'来"。也许你会疑心，鲁迅是不是写得有点过了？不是，人可怕的是最终变成自己所讨厌的人。小说中的"我""几乎怕敢想到自己"，是因为自我嫌弃；进而"努力的要想到我自己"，这是作为知识阶层的先进分子在时代的嬗变中长时间的思索与体验之后的顿悟，内心由惊恐、惊讶到惊喜。改造社会首先要改造我们自己，去获得一种原始的、浑厚的、质朴的生命力，才能表现出一种"大"来，才是革新中华民族的希望所在。

这篇小说即使放在今天这个时代背景下，也很值得所有的知识分子特别是精英阶层去对照自我，细心体察。同学们把它看作一曲人力车夫正直无私品德的颂歌也未尝不可，这对当下"老人跌跤扶不扶"之类的话题讨论应当有警策意义。

延伸阅读

1. 鲁迅：《朝花夕拾》，天津：天津人民出版社 2015 年版。
2. 鲁迅：《野草》，北京：中国友谊出版公司 2013 年版。
3. 鲁迅：《呐喊·彷徨》，南京：译林出版社 2012 年版。

我的遥远的清平湾①

史铁生

北方的黄牛一般分为蒙古牛和华北牛。华北牛中要数秦川牛和南阳牛最好,个儿大,肩峰很高,劲儿足。华北牛和蒙古牛杂交的牛更漂亮,犄角向前弯去,顶架也厉害,而且皮实、好养。对北方的黄牛,我多少懂一点。这么说吧:现在要是有谁想买牛,我担保能给他挑头好的。看体形,看牙口,看精神儿,这谁都知道;光凭这些也许能挑到一头不坏的,可未必能挑到一头真正的好牛。关键是得看脾气。拿根鞭子,一甩,"嗖"的一声,好牛就会瞪圆了眼睛,左蹦右跳。这样的牛干起活来下死劲,走得欢。疲牛呢?听见鞭子响准是把腰往下一塌,闭一下眼睛,忍了。这样的牛,别要。

我插队的时候喂过两年牛,那是在陕北的一个小山村儿——清平湾。

我们那个地方虽然也还算是黄土高原,却只有黄土,见不到真正的平坦的塬地了。由于洪水年年吞噬,塬地总在塌方,

---

① 选自《绿色的梦》(华东师范大学出版社 2014 年版),有改动。史铁生(1951—2010),北京人。著有《秋天的怀念》《务虚笔记》等作品。

顺着沟、渠、小河，流进了黄河。从洛川再往北，全是一座座黄的山峁或一道道黄的山梁，绵延不断。树很少，少到哪座山上有几棵什么树，老乡们都记得清清楚楚；只有打新窑或是做棺木的时候，才放倒一两棵。碗口粗的柏树就稀罕得不得了。要是谁能做上一口薄柏木板的棺材，大伙儿就都佩服，方圆几十里内都会传开。

在山上拦牛的时候，我常想，要是那一座座黄土山都是谷堆、麦垛，山坡上的胡蒿和沟壑里的狼牙刺都是柏树林，就好了。和我一起拦牛的老汉总是"吸溜吸溜"地抽着旱烟，笑笑，说："那可就一股劲儿吃白馍馍了。老汉儿家、老婆儿家都睡一口好材。"

和我一起拦牛的老汉姓白。陕北话里，"白"发"破"的音，我们都管他叫"破老汉"。也许还因为他穷吧，英语中的"poor"就是"穷"的意思。或者还因为别的：那几颗零零碎碎的牙，那几根稀稀拉拉的胡子，尤其是他的嗓子——他爱唱，可嗓子像破锣。傍晚赶着牛回村的时候，最后一缕阳光照在崖畔上，红的。破老汉用镢把挑起一捆柴，扛着，一路走一路唱："崖畔上开花崖畔上红，受苦人①过得好光景……"声音拉得很长，虽不洪亮，但颤巍巍的，悠扬。碰巧了，崖顶上探出两个小脑瓜，竖着耳朵听一阵，跑了；可能是狐狸，也可能是野羊。不过，要想靠打猎为生可不行，野兽很少。我们那地方突出的特点是穷，穷山穷水，"好光景"永远是"受苦人"的一种盼望。天快黑的时候，进山寻野菜的孩子们也都回村了，大的拉着小的，小的扯着更小的，每人的臂弯里都挎着个小篮儿，装的苦菜、苋菜或者小蒜、蘑菇……孩子们跟在牛群后面，"叽叽嘎嘎"地吵，争抢着把牛粪撮回窑里②去。

越是穷地方，农活也越重。春天播种；夏天收麦；秋天玉米、高粱、谷子都熟了，更忙；冬天打坝、修梯田，总不得闲。单说春种吧，往山上送粪全靠人挑。一担粪六七十斤，一早上就得送四五趟；挣两个工分，合六分钱。在北京，才够买两根冰棍儿的。那地方当然没有冰棍儿，在山上干活渴急了，什么水都喝。天不亮，耕地的人们就扛着木犁、赶着牛上山了。太阳出来，已经耕完了几垧地。火红的太阳把牛和人的影子长长地印在山坡上，

---

① 陕北方言，庄稼人的意思。
② 陕北方言，家里的意思。

扶犁的后面跟着撒粪的，撒粪的后头跟着点籽的，点籽的后头是打土坷拉的，一行人慢慢地、有节奏地向前移动，随着那悠长的吆牛声。吆牛声有时疲惫、凄婉；有时又欢快、诙谐，引动一片笑声。那情景几乎使我忘记自己是生活在哪个世纪，默默地想着人类遥远而漫长的历史。人类好像就是这么走过来的。

清明节的时候我病倒了，腰腿疼得厉害。那时只以为是坐骨神经疼，或是腰肌劳损，没想到会发展到现在这么严重。陕北的清明前后爱刮风，天都是黄的。太阳白蒙蒙的。窑洞的窗纸被风沙打得"唰啦啦"响。我一个人躺在土炕上……

那天，队长端来了一碗白馍……

陕北的风俗，清明节家家都蒸白馍，再穷也要蒸几个。白馍被染得红红绿绿的，老乡管那叫"zì chuī"。开始我们不知道是哪两个字，也不知道什么意思，跟着叫"紫锤"。后来才知道，是叫"子推"，是为了纪念春秋时期一个叫介子推的人的。破老汉说，那是个刚强的人，宁可被人烧死在山里，也不出去做官。我没有考证过，也不知史学家们对此作何评价。反正吃一顿白馍，清平湾的老老少少都很高兴。尤其是孩子们，头好几天就喊着要吃子推馍馍了。春秋距今两千多年了，陕北的文化很古老，就像黄河。譬如，陕北话中有好些很文的字眼："喊"不说"喊"，要说"呐喊"；香菜，叫芫荽；"骗人"也不说"骗人"，叫作"玄谎"……连最没文化的老婆儿也会用"酝酿"这词儿。开社员会时，黑压压坐了一窑人，小油灯冒着黑烟，四下里闪着烟袋锅的红光。支书念完了文件，喊一声："不敢睡！大家讨论个一下！"人群中于是息了鼾声，不紧不慢地应着："酝酿酝酿了再……"这"酝酿"二字使人想到那儿确是革命圣地，老乡们还记得当年的好作风。可在我们插队的那些年里，"酝酿"不过是一种习惯了的口头语罢了。乡亲们说"酝酿"的时候，心里也明白：球事不顶！可支书让发言，大伙总得有个说的；支书也是难，其实那些政策条文早已经定了。最后，支书再喊一声："同意啊不？"大伙回答："同意——"然后回窑睡觉。

那天，队长把一碗"子推"放在炕沿上，让我吃。他也坐在炕沿上，"吧嗒吧嗒"地抽烟。"子推"浮头用的是头两茬面，很白；里头都是黑面，麸子全磨了进去。队长看着我吃，不言语。临走时，他吹吹烟锅儿，说：

"唉!'心儿'家不容易,离家远。""心儿"就是孩子的意思。

队里再开会时,队长提议让我喂牛。社员们都赞成。"年轻后生家,不敢让腰腿作下病,好好价把咱的牛喂上!"老老小小见了我都这么说。在那个地方,担粪、砍柴、挑水、清明磨豆腐、端午做凉粉、出麻油、打窑洞……全靠自己动手。腰腿可是劳动的本钱;唯一能够代替人力的牛简直是宝贝。老乡们把喂牛这样的机要工作交给我,我心里很感动,嘴上却说不出什么。农民们不看嘴,看手。

我喂十头,破老汉喂十头,在同一个饲养场上。饲养场建在村子的最高处,一片平地,两排牛棚,三眼堆放草料的破石窑。清平河水整日价"哗哗啦啦"的,水很浅,在村前拐了一个弯,形成了一个水潭。河湾的一边是石崖,另一边是一片开阔的河滩。夏天,村里的孩子们光着屁股在河滩上折腾,往水潭里"扑通扑通"地跳,有时候捉到一只鳖,又笑又嚷,闹翻了天。破老汉坐在饲养场前面的窑顶上看着,一袋接一袋地抽烟。"心儿家不晓得愁。"他说,然后就哑着个嗓子唱起来:"提起那家来,家有名,家住在绥德三十里铺村……"破老汉是绥德人,年轻时打短工来到清平湾,就住下了。绥德出打短工的,出石匠,出说书的,那地方更穷。

绥德还出吹手。农历年夕前后,坐在饲养场上,常能听到那欢乐的唢呐声。那些吹手也有从米脂、佳县来的,但多数是从绥德。他们到处串,随便站在谁家窑前就吹上一阵。如果碰巧那家要娶媳妇,他们就被请去,"呜里哇啦"地吹一天,吃一天好饭。要是运气不好,吹完了,就只能向人家要一点吃的或钱。或多或少,家家都给,破老汉尤其给得多。他说:"谁也有难下的时候。"原先,他也干过那营生,吃是能吃饱,可是常要受冻,要是没人请,夜里就得住寒窑。"揽工人儿难,哎哟,揽工人儿难;正月里上工十月里满,受的牛马苦,吃的猪狗饭……"他唱着,给牛添草。破老汉一肚子歌。

小时候就知道陕北民歌。到清平湾不久,干活歇下的时候我们就请老乡唱,大伙都说破老汉爱唱,也唱得好。"老汉的日子熬煎咧,人愁了才唱得好山歌。"确实,陕北的民歌多半都有一种忧伤的调子。但是,一唱起来,人就快活了。有时候赶着牛出村,破老汉憋细了嗓子唱《走西口》:"哥哥你走西口,小妹妹也难留,手拉着哥哥的手,送哥到大门口。走路你走大路,再不要走小路,大路上人马多,来回解忧愁……"场院上的婆姨、女子们嘻嘻哈哈地冲我嚷:"让老汉儿唱个《光棍哭妻》嘛,老汉儿唱得可美!"破老汉只作没听见,调子一转,唱起了《女儿嫁》:"一更里叮当响,小哥哥进了我的绣房,娘问女孩儿什么响,西北风刮得门栓响嘛哎哟……"往下的歌词就不宜言传了。我和老汉赶着牛走出很远了,还听见婆姨、女子们在场院上骂。老汉冲我眨眨眼,撅一条柳条,赶着牛,唱一路。

破老汉只带着个七八岁的小孙女过。那孩子小名儿叫"留小儿"。两口人的饭常是她做。

把牛赶到山里,正是响午。太阳把黄土烤得发红,要冒火似的。草丛里不知名的小虫子"嗞——嗞——"地叫。群山也显得疲乏,无精打采地互相挨靠着。方圆十几里内只有我和破老汉,只有我们的吆牛声。哪儿有泉水,破老汉都知道;几镢头挖成一个小土坑,一会儿坑里就积起了水。细珠子似的小气泡一串串地往上冒,水很小,又凉又甜。"你看下我来,我也看下你……"老汉喝口水,抹抹嘴,扯着嗓子又唱一句。不知他又想起了什么。

夏天拦牛可不轻闲,好草都长在田边,离庄稼很近。我们东奔西跑地吆喝着,骂着。破老汉骂牛就像骂人,爹、娘、八辈祖宗,骂得那么亲热。稍不留神,哪个狡猾的家伙就会偷吃了田苗。最讨厌的是破老汉喂的那头老黑牛,称得上是"老谋深算"。它能把野草和田苗分得一清二楚。它假装吃着田边的草,慢慢接近田苗,低着头,眼睛却溜着我。我看着它的时候,田苗离它再近它也不吃,一副廉洁奉公的样儿;我刚一回头,它就趁机啃倒一棵玉米或高粱,调头便走。我识破了它的诡计,它再接近田苗时,假装不看它,等它确信无虞把舌头伸向禁区之际,我才大吼一声。老家伙趔趔趄趄地后退,既惊慌又愧悔,那样子倒有点可怜。

陕北的牛也是苦,有时候看着它们累得草也不想吃,"呼哧呼哧"喘粗气,身子都跟着晃,我真害怕它们趴架。尤其是当那些牛争抢着去舔地上渗出的盐碱的时候,真觉得造物主太不公平。我几次想给它们买些盐,但自己嘴又馋,家里寄来的钱都买鸡蛋吃了。

每天晚上,我和破老汉都要在饲养场上呆到十一二点,一遍遍给牛添草。草添得要勤,每次不能太多。留小儿跟在老汉身边,寸步不离。她的小手绢里总包两块红薯或一把玉米粒。破老汉用牛吃剩下的草疙节打起一堆火,干的"噼噼啪啪"响,湿的"嗞嗞"冒烟。火光照亮了饲养场,照着吃草的牛，四周的山显得更高，黑魆魆的。留小儿把红薯或玉米埋在烧尽的草灰里；如果是玉米，就得用树枝拨来拨去，"啪"地一响，爆出了一个玉米花。那是山里娃最好的零嘴儿了。

留小儿没完没了地问我北京的事。"真个是在窑里看电影？""不是窑，是电影院。""前回你说是窑里。""噢，那是电视。一个方匣匣，和电影一样。"她歪着头想，大约想象不出，又问起别的。"啥时想吃肉，就吃？""嗯。""玄谎！""真的。""成天价想吃呢？""那就成天价吃。"这些话她问过好多次了，也知道我怎么回答，但还是问。"你说北京人都不爱吃白肉？"她觉得北京人不爱吃肥肉，很奇怪。她仰着小脸儿，望着天上的星星；北京的神秘，对她来说，不亚于那道银河。

"山里的娃娃什么也解①不开。"破老汉说。破老汉是见过世面的，他一九三七年就入了党，跟队伍一直打到广州。他常常讲起广州：霓虹灯成宿地点着，广州人连蛇也吃，到处是高楼，楼里有电梯……留小儿听得觉也不睡。我说："城里人也不懂得农村的事呢。""城里人解开个狗吗？"留小儿问，"咯咯"地笑。她指的是我们刚到清平湾的时候，被狗追得满村跑。"学生价连犍牛和生牛也解不开。"留小儿说着去摸摸正在吃草的牛，一边数叨，"红犍牛、猴②犍牛、花生牛……爷！老黑牛怕是难活③下了，不肯吃！""它老了，熬④了。"老汉说。山里的夜晚静极了，只听得见牛吃草的"沙沙"声，蛐蛐叫，有时远处还传来狼嗥。破老汉有把破胡琴，"嗞嗞嘎嘎"地拉起来，唱："一九头上才立冬，闯王领兵下河东，幽州困住杨文广，年太平，金花小姐领大兵……"把历史唱了个颠三倒四。

留小儿最常问的还是天安门。"你常去天安门？""常去。""常能照着⑤毛主席？""哪的来，我从来没见过。""咦？！他就盛⑥在天安门上，你去了会照不着？"她大概以为毛主席总站在天安门上，像画上画的那样。有一回她趴在我耳边说："你冬里回北京把我引上行不？"我说："就怕你爷爷不

---

① 陕北方言，读 hǎi。
② 陕北方言，小。
③ 陕北方言，生病。
④ 陕北方言，累。
⑤ 陕北方言，望见。
⑥ 陕北方言，住。

让。""你跟他说说嘛,他可相信你说的了。盘缠我有。""你哪儿来的钱?""卖鸡蛋的钱,我爷爷不要,都给了我,让我买褂褂儿的。""多少?""五块!""不够。""嘻,我哄你,看,八块半!"她掏出个小布包,打开,有两张一块的,其余全是一毛两毛的。那些钱大半是我买了鸡蛋给破老汉的。平时实在是饿得够呛,想解解馋,也就是买几个鸡蛋。我怎么跟留小儿说呢?我真想冬天回家时把她带上。可就在那年冬天,我病厉害了。

其实,喂牛没什么难的,用破老汉的话说,只要勤谨,肯操心就行。喂牛,苦不重①,就是熬人,夜里得起来好几趟,一年到头睡不成个囫囵觉。冬天,半夜从热被窝里爬出来的滋味可不是好受的。尤其五更天给牛拌料,牛埋下头吃得香,我坐在牛槽边的青石板上能睡好几觉。破老汉在我耳边叨唠:黑市的粮价又涨了,合作社来了花条绒,留小儿的袄烂得露了花……我哼哼哈哈地应着,刚梦见全聚德的烤鸭,又忽然掉进了什刹海的冰窟窿,打个冷战醒了,破老汉还没唠叨完。"要不回窑睡去吧,二次料我给你拌上。"老汉说。天上划过一道亮光,是流星。月亮也躲进了山谷。星星和山峦,不知是谁望着谁,或者谁忘了谁,"这营生②不是后生家做的,后生家正是好睡觉的时候。"破老汉说,然后"唉,唉——"地发着感慨。我又迷迷糊糊地入了梦乡。

碰上下雨下雪,我们俩就躲进牛棚。牛棚里尽是粪尿,连打个盹的地方也没有。那时候我的腿和腰就总酸疼。"倒运的天!"破老汉骂,然后对我说,"北京够咋美,偏来这山沟沟里做什么嘛。""您那时候怎么没留在广州?"我随便问。他抓抓那几根黄胡子,用烟锅儿在烟荷包里不停地剜,瞪着眼睛愣半天,说:"咋!让你把我问着了,我也不晓球咋价日鬼的。"然后又愣半天,似乎回忆着到底是什么原因。"唉,球毛擀不成个毡,山里人当不成个官。"他说,"我那辰儿要是不回来,这辰儿也住上洋楼了,也把警卫员带上了。山里人憨着咧,只要打罢了仗就回家,哪搭儿也不胜窑里好。球!要不,我的留小儿这辰儿还愁穿不上个条绒袄儿?"

每回家里给我寄钱来,破老汉总嚷着让我请他抽纸烟。"行!"我说,

---

① 陕北方言,活儿不累。
② 陕北方言,活儿。

"'牡丹'的怎么样?""唏——'黄金叶'的就拔尖了!""可有个条件。"我凑到他耳边,"得给'后沟里的'送几根去。""憨娃娃!"他骂。"后沟里的"指的是住在后沟里的一个寡妇,比破老汉小十几岁,村里人都知道那寡妇对破老汉不错。老汉抽着纸烟,望着远处。我也唱一句:"你看下我来,我也看下你……"递给他几根纸烟,向后沟的方向示意。他不言传,笑眯眯地不知道想着什么。末了,他把几根纸烟装进烟荷包,说:"留小儿大了嫁到北京去呀!"说罢笑笑,知道那是不沾边儿的事。

在后山上拦牛的时候,远远地望着后沟里的那眼土窑洞,我问破老汉:"那婆姨怎么样?""亮亮妈,人可好。"他说。我问:"那你干嘛不跟她过?""唏——老了老了还……"他打岔。"算了吧!"我说:"那你夜里常往她窑里跑?"我其实是开玩笑。"咦!不敢瞎说!"他装得一本正经。我诈他:"我都看见了,你还不承认!"他不言传了,尴尬地笑着。其实我什么也没看见。

破老汉望着山脚下的那眼窑洞。窑前,亮亮妈正费力地劈着一疙瘩树根;一个男孩子帮着她劈,是亮亮。"我看你就把她娶了吧,她一个人也够难的。再说,也就有人给你缝衣裳了。""唉,丢下留小儿谁管?""一搭里过嘛!""她的亮亮也娇惯得危险①,留小儿要受气呢。后妈总不顶亲的。""什么后妈,留小儿得管她叫奶奶了。""还不一样?"山里没人,我们敞开了说。亮亮家的窑顶上冒起了炊烟。老汉呆呆地望着,一缕蓝色的轻烟在山沟里飘绕。小学校放学的钟声"当当"地敲响了。太阳下山了,收工的人们扛着锄头在暮霭中走。拦羊的也吆喝着羊群回村了,大羊喊,小羊叫,"咩咩"地响成一片。老汉还是呆呆地坐着,闷闷地抽烟。他分明是心动了,可又怕对不起留小儿。留小儿的大②死得惨,平时谁也不敢向破老汉问起这事,据说,老汉一想起就哭,自己打自己的嘴巴。听说,都是因为破老汉舍不得给大夫多送些礼,把儿子的病给耽误了;其实,送十来斤米或者面就行。那些年月啊!

秋天,在山里拦牛简直是一种享受。庄稼都收完了,地里光秃秃的,山洼、沟掌里的荒草却长得茂盛。把牛往沟里一轰,可以躺在沟门上睡觉;或

---

① 陕北方言,厉害、严重。
② 陕北方言,父亲。

是把牛赶上山，在山下的路口上坐下，看书。秋山的色彩也不再那么单调：半崖上小灌木的叶子红了，杜梨树的叶子黄了，酸枣棵子缀满了珊瑚珠似的小酸枣……尤其是山坡上绽开了一丛丛野花，淡蓝色的，一丛挨着一丛，雾蒙蒙的。灰色的小田鼠从黄土坷垃后面探头探脑；野鸽子从悬崖上的洞里钻出来，扑棱棱飞上天；野鸡咕咕嘎嘎地叫，时而出现在崖顶上，时而又钻进了草丛……我很奇怪，生活那么苦，竟然没人捕食这些小动物。也许是因为没有枪，也许是因为这些鸟太小也太少，不过多半还是因为别的。譬如：春天燕子飞来时，家家都把窗户打开，希望燕子到窑里来做窝；很多家窑里都住着一窝燕儿，没人伤害它们。谁要是说燕子的肉也能吃，老乡们就会露出惊讶的神色，瞪你一眼："咦！燕儿嘛！"仿佛那无异于亵渎了神灵。

种完了麦子，牛就都闲下了，我和破老汉整天在山里拦牛。老汉不闲着，把牛赶到地方，跟我交待几句就不见了。有时忽然见他出现在半崖上，奋力地劈砍着一棵小灌木。吃的难，烧的也难，为了一把柴，常要爬上很高很陡的悬崖。老汉说，过去不是这样，过去人少，山里的好柴砍也砍不完，密密匝匝的，人也钻不进去。老人们最怀恋的是红军刚到陕北的时候，打倒了地主，分了地，单干。"才红了①那辰儿，吃也有得吃，烧也有得烧，这咋会儿，做过啦②！"老乡们都这么说。真是，"这咋会儿"，迷信活动倒死灰复燃。有一回，传说从黄河东来了神神，有些老乡到十几里外的一个破庙去祷告，许愿。破老汉不去。我问他为什么，他皱着眉头不说，又哼哼起《山丹丹开花红艳艳》。那是才红了那辰儿的歌。过了半天，使劲磕磕烟袋锅，叹了口气："都是那号婆姨闹的！""哪号？"我有点明知故问。他用烟袋指指天，摇摇头，撇撇嘴："那号婆姨，我一照就晓得……"如此算来，破老汉反"四人帮"要比"四五"运动早好几年呢！

在山里，有那些牛做伴，即便剩我一个人也并不寂寞。我半天半天地看着那些牛，它们的一举一动都意味着什么，我全懂。平时，牛不爱叫，只有奶着犊子的生牛才爱叫。太阳一偏西，奶着犊儿的生牛就急着要回村了，你要是不让它回，它就"哞——哞——"地叫个不停，急得团团转，无心再吃草。有一回，我在山洼洼里睡着了，醒来太阳已经挨近了山顶。我和破老汉

---

① 陕北方言，红军刚到陕北。
② 陕北方言，弄糟了。

吆起牛回村,忽然发现少了一头。山里常有被雨水冲成的暗洞,牛踩上就会掉下去摔坏。破老汉先也一惊,但马上看明白,说:"没麻搭,它想儿,回去了。"我才发现,少了的是一头奶犊儿的生牛。离村老远,就听见饲养场上一声声牛叫了,儿一声,娘一声,似乎一天不见,母子间有说不完的贴心话。牛不老①在母亲肚子底下一下一下地撞,吃奶,母牛的目光充满了温柔、慈爱,神态那么满足,平静。我喜欢那头母牛,喜欢那只牛不老。我最喜欢的是一头红犍牛,高高的肩峰,腰长腿壮,单套也能拉得动大步犁。红犍牛的犄角长得好,又粗又长,向前弯去;几次碰上邻村的牛群,它都把对方的首领顶得败阵而逃。我总是多给它拌些料,犒劳它。但它不是首领。最讨厌的还是那头老黑牛,不仅老奸巨猾,而且专横跋扈,双套它也会气喘吁吁,却占着首领的位置。遇到外"部落"的首领,它倒也勇敢,但不下两个回合,便跑得比平时都快了。那头老生牛就好,虽然比老黑牛还老,却和蔼得很,再小的牛冲它伸伸脖子,它也会耐心地为之舔毛。和牛在一起,也可谓其乐无穷了,不然怎么办呢?方圆十几里内看不见一个人,全是山。偶尔有拦羊的从山梁上走过,冲我呐喊两声。黑色的山羊在陡峭的岩壁上走,如走平地,远远看去像是悬挂着的棋盘;白色的绵羊走在下边,是白棋子。山沟里有泉水,渴了就喝,热了就脱个精光,洗一通。那生活倒是自由自在,就是常常饿肚子。

破老汉有个弟弟,我就是顶替了他喂牛的。据说那人奸猾,偷牛料;头几年还因为投机倒把坐过县大狱。我倒不觉得那人有多坏,他不过是蒸了白馍跑到几十里外的车站上去卖高价,从中赚出几升玉米、高粱米。白面自家舍不得吃。还说他捉了乌鸦,做熟了当鸡卖,而且白馍里也掺了假。破老汉看不上他弟弟,破老汉佩服的是老老实实的受苦人。

一阵山歌,破老汉担着两捆柴回来了。"饿了吧?"他问我。"我把你的干粮吃了。"我说。"吃得下那号干粮?"他似乎感到快慰,他"哼哼唉唉"地唱着,带我到山背洼里的一棵大杜梨树下。"咋吃!"他说着爬上树去。他那年已经五十六岁了,看上去还要老,可爬起树来却比我强。他站在树上,把一杈杈结满了杜梨的树枝撅下来,扔给我。那果实是古铜色的,小指甲盖儿大小,上面有黄色的碎斑点,酸极了,倒牙。老汉坐在树杈上吃,又唱起

---

① 陕北方言,牛犊。

来:"对面价沟里流河水,横山里下来些游击队……"那是《信天游》。老汉大约又想起了当年。他说他给刘志丹抬过棺材,守过灵。别人说他是吹牛。破老汉有时是好吹吹牛。"牵牛牛开花羊跑青,二月里见罢到如今……"还是《信天游》。我冲他喊:"不是夜来黑喽①才见罢吗?""憨娃娃,你还不赶紧寻个婆姨?操心把'心儿'耽误下!"他反唇相讥。"'后沟里的'可会迷男人?""咦!亮亮妈,人可好!""这两捆柴,敢是给亮亮妈砍的吧?""谁情愿要,谁扛去。"这话是真的,老汉穷,可不小气。

有一回我半夜起来去喂牛,借着一缕淡淡的月光,摸进草窑。刚要揽草,忽然从草堆里站起两个人来,吓得我头皮发麻,不禁喊了一声,把那两个人也吓得够呛。一个岁数大些的连忙说:"别怕,我们是好人。"破老汉提着个马灯跑了来,以为是有了狼。那两个人是瞎子说书的,从绥德来。天黑了,就摸进草窑,睡了。破老汉把他们引回自家窑里,端出剩干粮让他们吃。陕北有句民谣:"老乡见老乡,两眼泪汪汪。"老汉和两个瞎子长吁短叹,唠了一宿。

第二天晚上,破老汉操持着,全村人出钱请两个瞎子说了一回书。书说得乱七八糟,李玉和也有,姜太公也有,一会儿是伍子胥一夜白了头,一会儿又是主席语录。窑顶上,院墙上,磨盘上,坐得全是人,都听得入神。可说的是什么,谁也含糊。人们听的是那么个调调儿。陕北的说书实际是唱,弹着三弦儿,哀哀怨怨地唱,如泣如诉,像是村前汩汩而流的清平河水。河水上跳动着月光。满山的高粱、谷子被晚风吹得"沙沙"响,时不时传来一阵响亮的驴叫。破老汉搂着留小儿坐在人堆里,小声跟着唱。亮亮妈带着亮亮坐在窑顶上,穿得齐齐整整。留小儿在老汉怀里睡着了,她本想是听完了书再去饲养场上爆玉米花的,手里攥着那个小手绢包儿。山村里难得热闹那么一回。

我倒宁愿去看牛顶架,那实在也是一项有益的娱乐,给人一种力量的感受,一种拼搏的激励。我对牛打架颇有研究。二十头牛(主要是那十几头犍牛、公牛)都排了座次,当然不是以姓氏笔画为序,但究竟根据什么,我一开始也糊涂。我喂的那头最壮的红犍牛却敬畏破老汉喂的那头老黑牛。红犍

---

① 陕北方言,昨天晚上。

牛正是年轻力壮的时候，肩峰上的肌肉像一座小山，走起路来步履生风；而老黑牛却已显出龙钟老态，也瘦，只剩下一副高大的骨架。然而，老黑牛却是首领。遇上有哪头母牛发了情，老黑牛便几乎不吃不喝地看定在那母牛身旁，绝不允许其我把他同性接近。我几次怂恿红犍牛向它挑战，然而只要老黑牛晃晃犄角，红犍牛便慌忙躲开。我实在憎恨老黑牛的狂妄、专横，又为红犍牛的怯懦而生气。后来我才知道，牛的排座次是根据每年一度的角斗，谁夺了魁，便在这一年中被尊崇为首领，享有"三宫六院"的特权，即便它在这一年中变得病弱或衰老，其他的牛也仍为它当年的威风所震慑，不敢贸然不恭。习惯势力到处在起作用。可是，一开春就不同了，闲了一冬，十几头犍牛、公牛都积攒了气力，是重新较量、争魁的时候了。"男子汉"们各自权衡了对手和自己的实力，自然地推举出一头（有时是两头）体魄最大，实力最强的新秀，与前冠军进行决赛。那年春天，我的红犍牛处在新秀的位置上，开始对老黑牛有所怠慢了。我悄悄促成它们决斗，把它们引到开阔的河滩上去（否则会有危险）。这事不能让破老汉发觉，否则他会骂。一开始，红犍牛仍有些胆怯，老黑牛尚有余威。但也许是春天的母牛们都显得愈发俊俏吧，红犍牛终于受不住异性的吸引或是轻蔑，"哞——哞——"地叫着向老黑牛挑战了。它们拉开了架势，对峙着，用蹄子刨土，瞪红了眼睛，慢慢地接近，接近……猛地扭打到一起。这时候需要的是力量，是勇气。犄角的形状起很大作用，倘是两只粗长而向前弯去的角，便极有利，左右一晃就会顶到对方的虚弱处。然而，红犍牛和老黑牛都长了这样两只角。这就要比机智了。前冠军毕竟老朽了，过于相信自己的势力和威风，新秀却认真、敏捷。红犍牛占据了有利地形（站在高一些的地方比较有利），逼得老黑牛步步退却，只剩招架之功。红犍牛毫不松懈，瞅准机会把头一低，一晃一冲，顶到了对方的脖子。老黑牛转身败走，红犍牛追上去再给老首领的屁股上加一道失败的标记。第一回合就此结束。这样的较量通常是五局三胜制或九局五胜制。新秀连胜几局，元老便自愿到一旁回忆自己当年的骁勇去了。

  为了这事，破老汉阴沉着脸给我看。我笑嘻嘻地递过一根纸烟去。他抽着烟，望着老黑牛屁股上的伤痕，说："它老了呀！它救过人的命……"

  据说，有一年除夕夜里，家家都在窑里喝米酒、吃油馍，破老汉忽然听见牛叫、狼嗥。他想起了一头出生不久的牛不老，赶紧跑到牛棚。好家伙，就见这黑牛把一只狼顶在墙旮旯里。黑牛的脸被狼抓得流着血，但它一动不动,把犄角牢牢地插进了狼的肚子。老汉打死了那只狼,卖了狼皮,全村人抽了一回纸烟。

"不,不是这。"破老汉说,"那一年村里的牛死的死,杀的杀(他没说是哪年),快光了。全凭好歹留下来的这头黑牛和那头老生牛,村里的牛才又多起来。全靠了它,要不全村人倒运吧!"破老汉摸摸老黑牛的犄角。他对它分外敬重。"这牛死了,可不敢吃它的肉,得埋了它。"破老汉说。

可是,老黑牛最终还是被人拖到河滩上杀了。那年冬天,老黑牛不小心踩上了山坡上的暗洞,摔断了腿。牛被杀的时候要流泪,是真的。只有破老汉和我没有吃它的肉。那天村里处处飘着肉香。老汉呆坐在老黑牛空荡荡的槽前,只是一个劲抽烟。

我至今还记得这么件事:有天夜里,我几次起来给牛添草,都发现老黑牛站着,不卧下。别的牛都累得早早地卧下睡了,只有它喘着粗气,站着。我以为它病了。走进牛棚,摸摸它的耳朵,这才发现,在它肚皮底下卧着一只牛不老。小牛犊正睡得香,响着均匀的鼾声。牛棚很窄,各有各的"床位",如果老黑牛卧下,就会把小牛犊压坏。我把小牛犊赶开(它睡的是"自由床位"),老黑牛"扑通"一声卧倒了。它看着我,我看着它。它一定是感激我了,它不知道谁应该感激它。

那年冬天,我的腿忽然用不上劲儿了,回到北京不久,两条腿都开始萎缩。

住在医院里的时候,一个从陕北回京探亲的同学来看我,带来了乡亲们捎给我的东西:小米、绿豆、红枣儿、芝麻……我认出了一个小手绢包儿,我知道那里头准是玉米花。

那个同学最后从兜里摸出一张十斤的粮票,说是破老汉让他捎给我的。粮票很破,渍透了油污,背后用一条白纸相连。

"我对他说这是陕西省通用的。在北京不能用,破老汉不信,说:'咦!你们北京就那么高级?我卖了十斤好小米换来的,咋啦不能用?!'我只好带给你。破老汉说你治病时会用得上。"

唔,我记得他儿子的病是怎么耽误了的,他以为北京也和那儿一样。

十年过去了。前年留小儿来了趟北京,她真的自个儿攒够了盘缠!她说这两年农村的生活好多了,能吃饱,一年还能吃好多回肉。她说,黑肉①真的还是比白肉好吃些。

"清平河水还流吗?"我糊里巴涂地这样问。

"流哩嘛!"留小儿"咯咯"地笑。

"我那头红犍牛还活着吗?"

"在哩!老下了。"

我想象不出我那头浑身是劲儿的红犍牛老了会是什么样,大概跟老黑牛差不多吧,既专横又慈爱……

留小儿给他爷爷买了把新二胡。自己想买台缝纫机,可是没买到。

"你爷爷还爱唱吗?"

"一天价瞎唱。"

"还唱《走西口》吗?"

"唱。"

"《揽工调》呢?"

"什么都唱。"

"不是愁了才唱吗?"

"咦?!谁说?"

关于民歌产生的原因,还是请音乐家和美学家们去研究吧。我只是常常记起牛群在土地上舔食那些渗出的盐的情景,于是就又想起破老汉那悠悠的山歌:"崖畔上开花崖畔上红,受苦人过得好光景……"如今,"好光景"已不仅仅是"受苦人"的一种盼望了。老汉唱的本也不是崖畔上那一缕残阳的红光,而是长在崖畔上的一种野花,叫山丹丹,红的,年年开。

哦,我的白老汉,我的牛群,我的遥远的清平湾……

赏读

史铁生是当代中国最令人敬佩的作家之一。他的写作与他的生命完全同构在一起,在自己的"写作之夜",史铁生用残缺的身体,说出了最为健全而丰满的思想。他体验到的是生命的苦难,表达出的却是存在的明朗和欢乐,他睿智的言辞照亮了我们

---

① 陕北方言,瘦肉或精肉。

日益幽暗的内心。

史铁生是一个生命的奇迹，在漫长的轮椅生涯里自强自尊，成就了一座文学的高峰。其想象力和思辨力一再刷新当代精神的高度，一种千万人心痛的温暖，让人们在瞬息中触摸永恒，在微粒中进入广远，在艰难和痛苦中却打心眼里宽厚地微笑。

这篇短篇小说发表于1983年初，是史铁生的成名之作，也是知青小说的一部代表作，虽然稚嫩，但清新悠远。对于作家史铁生来说，是一个起点。

有史以来到20世纪70年代，无论中国政治形态怎样变化，经济形态出现怎样的情况，中国始终是一个传统的农业生产型国家。因此，中国社会在过去的年代里被称为"乡土中国"，对其的记忆则是"乡土中国"的记忆。所谓"乡土中国"指的是中国经济的农业生产形态，以及由这种经济基础决定的中国文化的农民式思考和生活方式。在这种记忆中，北方大地的广袤形成了记忆的深厚度与深刻性。黄土高原上遍布的条条沟壑刻画出中国人民苍老多皱的面庞，锻铸出中国农民朴实、憨厚、耿直的性格。尤其是他们对于苦难生活的坚韧不拔的忍耐力及其对于未来新生活的憧憬和向往，形成了极具中国特色的文化表征与内涵。

这一切，都在史铁生的回忆性小说《我的遥远的清平湾》里得到体现。1968年底开始的持续十年之久的中国知识青年"上山下乡"运动，将1 700万有知识的年轻人抛向国家的山野乡间。因为知识青年的到来，原本就紧张、不平衡的物质生态及经济生态更加剧烈波动，加剧了知识青年和当地农民之间因为生存而爆发的紧张感。尽管如此，善良的中国农民还是敞开他们的胸怀，接纳了这些"落难者"。一句"'心儿'家不容易，离家远"的话语，拉近了知识青年同当地人的距离。

《我的遥远的清平湾》没有回避中国农民困顿的生活。麦收的日子里才可以吃上一顿的"白面馍"，引得孩子们头好几天的遐想；舍不得吃的鸡蛋换成几个零钱攒起来。也没有回避农业生产的艰辛。放牛的人要走上一天，早出晚归。"越是穷地方，农活也越重。春天播种，夏天收麦，秋天玉米、高粱、谷子都熟了，更忙；冬天打坝、修梯田，总不得闲。"然而，就是在这样的生产生活环境中，中国农民却是在乐观向上地活着。"破老汉"乐观豁达，"信天游"唱个不停，随时随地可以听到他的歌声，苦中作乐。要知道，人家当年可是打老蒋去过广州的啊！见过大世面的人。"留小儿"——一个单纯的小姑娘，总是不停地打探北京的"新生活"，希望能够有一天到北京去看看天安门。卖鸡蛋攒下几个钱，都是零票票，包裹得整齐。"这些话她问过好几次，也知道我怎么回答，但还是问。"终有一天，"留小儿"圆了到北京的梦。不过，那已是改革开放的年代了。

在苦难中生存，在乐观中向上。史铁生的小说《我的遥远的清平湾》精彩地阐述了这个生存之道的生命哲理，把读者引领到中国文化深邃的时空隧道中，体味着热爱生活的人文生命关怀。

延伸阅读

1. 费孝通：《乡土中国》，北京：北京出版社2005年版。
2. 刘亮程：《一个人的村庄》，沈阳：春风文艺出版社2006年版。

旧 燕[①]

张中行

讲不清什么理由,人总是觉得几乎一切鸟都是美的,可爱的。一切太多,如果只许选家禽外的一种,以期情能专注,不知别人怎么样,我必选"燕"。理由可以举很多,其中一项最重要,是与人亲近,而且不忘旧。我是北国城(长城)南人,成年以前住在乡下,先是土坯屋,后改砖瓦屋,都是祖传形式,正房(多坐北)五间,东西厢房各三间,小康及以上人家兼有前后院。正房靠东西各两间住人,中间一间两旁砌柴灶,可以起火做饭(冬日兼取暖)。这一间前部有门,如果有后院,后部也有门,就成为前后、内外的通路。有意思的是前部的门,两层:靠外的方形,只遮下半,向外开,名为风门;靠里的左右两扇,高及顶,向里开,白日大敞,入睡前才关闭。这样,起来之后,入睡之前,这间通路房的前门就总是半敞着。是不是欢迎燕来住半年,生儿育女呢?说不清楚,因为祖祖辈辈都是"不识不知,顺帝之则"。还是说事实,总是公历四五

[①] 选自《旧燕》(北京广播学院出版社2000年版),有改动。张中行(1909—2006),河北天津人。著有《文言津逮》《负暄琐话》等作品。

月之间，估计就是去岁那一对，回来了。门外罕有长者车辙的小家小户添了热闹，风门之上，燕飞入飞出，早期是衔泥筑巢或补巢，其后是产卵孵化，再其后是打食喂雏鸟。人也忙，因为正是春种到秋收的时候。现在回想，其实不是因为都忙，而很可能是都具有（无意的）"天地与我并生，万物与我为一"的大德，才能够如此和平共处。关于和平共处，还可以具体说说。只说两件，都属于克己谅人的。先说燕一方，巢筑在屋顶稍靠后的一根檩上，灰白色，作簸箕形，口敞开，向外偏上，农家早中晚三顿饭都要烧柴，烟气火气上升，推想在巢里必不好过，可是没看见有不安然的表示。再说人一方，吃饭放矮长方桌，位置恰好在燕巢下，小燕黄口待食的时候常有粪便落下，怎么对付呢，照例是饭桌移动位置，而不说抱怨的话。人燕和平相处，由人方面说是鸟兽可与同群，取其诗意，可以说是羲皇上的境界。

羲皇上与现代化难得协调，于是由二十年代后期起，我出外上学，离开乡村的祖传式房，改为住学校宿舍，住北京的四合院，门不再是上部半敞的风门，室内不见檩，也就再也见不到燕巢以及燕飞入飞出了。有时想到昔日，很怀念。幸而还有个馀韵，是七十年代早期，我由干校放还，人未亡而家已破，当然还要活下去，只好妇唱夫随，到北京大学女儿家寄居。住房是五十年代建的四层砖楼，比较高大，楼前有两排杨树，像是与楼房比赛，钻得很高。我们夫妇住的一间南向，前面有阳台，未维新，用玻璃封闭，因而成为敞而且亮。记不清是哪一年，四月末或五月初，竟飞来一对燕，选定上方近西南角，筑巢了。我很高兴，想到又可以与燕结邻，心里热乎乎的。老伴也高兴，说燕相中筑巢是个好兆头。巢筑得不慢，常常见"空梁落燕泥"。及至筑成，我吃了一惊，竟不是簸箕形，而是鱼壶形，长圆，近上部的一旁开个小口，仅能容燕身出入。我至今不明白，是另一种燕呢，还是在乡随乡，在城随城呢？两种巢相比，我还是更喜欢家乡那一种，因为可以看见雏鸟的黄口。但总是又来身旁了，应该庆幸。庆幸之余，有时想到次年，至时还会回来吧？不负所望，次年的春末准时回来。可是像是心不安定，先是利用旧巢，不久又筑新巢。也许对环境有什么意见吧，第三年回来，飞旋几次，看看旧居，远去，就不再来。

其后是时和地更现代化，我迁入北郊的一座高层楼，居室有窗，有阳台，都封闭，蚊蝇尚不能入，更不要说燕了。由楼窗下望，有空地，却永远看不到"乍晴池馆燕争泥"的景象。常想到乡村的旧居，可惜先则人祸，家里人都散而之四方,继以天灾(地震),房屋倒塌,现在是连遗迹也没有了。其他人家,会不会仍保留祖传的风门,年年有旧燕归来飞入飞出呢?但愿仍是这样。不过,纵使能够这样,总是离我太远了。那么,关于旧燕,我所能有,就只是一首昔年作也未能离开失落感的歪诗了,这是:

漫与寒衾梦绣帏,天街细雨湿春衣。

年年驿路生新草,旧燕归时人未归。

赏读

张中行先生涉猎广泛,博闻强记,遍及文史、佛学、哲学诸多领域,人称"杂家",自觉较专者为语文、中国古代典籍和人生哲学。他终生为文,以"忠于写作,不宜写者不写,写则以真面目对人"为信条。"真面目"即他的真心话、实在话、寻常话。因此,他的散文平实朴拙、散淡冲荡,具有独特的艺术品位。记人,勾魂摄魄,写出人物的文化内涵与精神品格;状物,机智洒脱,常发出智慧之音;言理,冷静超脱,化高深的学理为平实的意识,充满哲学与史学、灵感与理性的宁静邈远之美。《旧燕》是其中的典型。

题为"旧燕",自然想到刘禹锡的"旧时王谢堂前燕,飞入寻常百姓家",想必是作者对人事变迁、盛衰兴废的感慨。读罢,不尽如此,尽管也予人怅然,但这里的"燕"不只是象征,更是文中的主角。作者既写燕,也写燕子去来所隐含的人生况味。读者由此可以体会到一个老人、"高人、逸人、至人、超人"(季羡林先生评价语)的境界。

文章第一段就让读者感受到一怀温情,因燕"与人亲近,而且不忘旧"。作者选燕为文,不厌其烦地细述祖传式房的结构,旨在说明房屋仿佛特意为燕子栖身而设;交代燕子筑的是簸箕形的巢,口敞开,对人全不设防;而人吃饭时燕粪跌落也不抱怨,会主动移开饭桌。这里展开的是一幅人燕和平共处的图景,也反映当时人性的淳朴。宋人葛天民有几句诗:"咫尺春三月,寻常百姓家。为迎新燕入,不下旧帘遮。"可以与此对照着看。

后来作者到城里上学,不再住上部半敞的风门,看不到燕子了。寄居女儿家,有燕再来,但筑的巢是鱼壶形,"仅能容燕身出入",显然是燕子对外界有了防范。过了两年,燕子不再来。再后来作者住到高楼,便永远也不见燕子的影子了。作者认为现代化把人和自然的距离拉大了,甚至隔绝开来,字里行间满是惆怅。可以说，本文是对原始乡村生活一曲浅吟低唱的挽歌。

文末作者引了一首旧作表达他的心情，进一步丰富了文章的内涵。"旧燕归时人未归"，人既是指前面写到因人祸天灾离散的家里人，也应该暗指醇厚朴实的人性。现代化使这个时代失去的不单是人与大自然融合无间的羲皇上的境界，还有祖祖辈辈"不识不知，顺帝之则"的自然状态。这样的含意是值得我们去深味的。

文章语言平淡，就像一位老人与你不紧不慢地聊天，却总是意味深长，萦绕于心。这种写作风格往往是沧桑历经、繁华落尽之后的选择，而这种选择没有深厚的功力是不能到达的。

小时候有一首儿歌这样唱："小燕子，穿花衣，年年春天来这里……"儿歌的内容和语言特点与张中行先生的这篇散文十分切合，今天的孩子也唱，只是歌里有燕，少见真正的燕子从眼前飞过了。

延伸阅读

1. 张中行：《负暄琐话》，北京：中华书局 2012 年版。
2. 张中行：《旧燕》，北京：北京广播学院出版社 2000 年版。

狗逢知己[1]

琦 君

我心中一直想有一只可爱的狗,可是由于客观环境不许可,这只狗一直还没有来临。

最近,我开始去附近一座大学校园里做晨操。一进门就看见一只矮矮胖胖的狗,对着每个进出的人傻傻愣愣地望,人们却没一个理它的。我立刻上前和它招呼:"狗狗,你早,你好乖哦!"然后伸手摸它的额角,它的下巴。它竟举起前脚和我握手。那一对憨厚的眼神,立刻给我以莫逆于心的感觉。

我走到树荫深处做早操,它不时跑来,在我身边绕一圈,又回到门口,并没有忘记看门的职责。我回家时,再和它握手道别。

对于晨操,我一向无恒心,但为了那只新认识的狗友,我竟然风雨无阻地每天都要去那校园。每天它都以同样温驯的神情欢迎我。日前,天空飘着丝丝细雨,我还是打着伞去了。校园中人很少,狗懒洋洋地坐在门口,见到我,一跃而起,像见

---

[1] 选自《粽子里的乡愁——琦君散文》(浙江文艺出版社2015年版),有改动。琦君(1917—2006),浙江永嘉人。著有《烟愁》《水是故乡甜》等作品。

到亲人似的那么兴奋。我拣了块比较干燥的地方，温习我的太极拳。它就在我身边坐下来，耐心地看我缓慢的动作。最有趣的是它的头竟随着我的手上下左右地摆动，是那么的专心致志。我陡然觉得自己的架势和姿势都十分美妙起来。因为在此纷纷扰扰、匆匆忙忙的尘世，我能在此幽静校园的一角，对着苍松翠柏，享受片刻清新之外，还能有如此一只"慧眼识英雄"的狗，默默地观赏我，焉得不欣然引为知己呢？

晨操完毕，和它握手告别时，它却依依地一直跟随着我，忽前忽后，忽快忽慢，不时转过头来看我，那神情是打算护送我回家的样子。我不禁心想，如果真跟我到家的话，我就收留它吧。看它脖子上并没有套圈圈，也许根本是一只无家可归的狗，由学校工友暂时收留的吧！

一路上，我招呼着它："慢慢跑，小心啊！"看去俨然是我自己的狗。心里有一分说不出的得意："看，我也有一只狗了。"它跟我到门口，我开了门，它一跃而入，在台阶上坐下来等我开第二道门，这一下我犹疑了。我真能收留它吗？能让它浑身湿漉漉地登堂入室吗？一面临现实问题，我仍不能不考虑。如果收留它，往后就得负起照顾的责任，为它洗澡、买鱼肉、煮饭，我这般忙乱，能有这时间吗？我外出时，它不会寂寞吗？如此地左思右想，我终于没有请它进屋子，只找了几片卤肉喂它，摸摸它的头抱歉地说："狗狗，你还是回到校园去吧，那儿比较自由，每天早上，我们都可见面。"它好像听懂了我的话，低头走出大门。我倚在门边目送它在微雨中渐渐跑远了，心中感到无限的歉疚与怅惘。与它相逢多次，相守多时，它对我如此友善和信赖，我却不能养它。它怎么知道自私的人类考虑之多？当我关上大门时，它是否感到失望呢？

第二天，我特别热切地去校园，主要是为看它。它仍然在门口送往迎来，见了我，仍然亲热地跑来和我握手，丝毫也没有对我不高兴的神情。我欣慰地想，狗究竟比人单纯得多，它可能只记得我喂它卤肉而不计较我没让它进客厅吧。也许它受到人间的炎凉冷落已太多而习以为常。我对它原没有照顾的责任，但由于头一天它的善意相送，我内心总觉欠了它一份情意，就想无妨每天让它送我回家，给它喝点牛奶，吃几片肉，再放它回来，不也很好吗？我边想边做早操，它仍和往日一样，守在我身边。可是当我回家时，走到校门口，它就停住不再跟了。我再怎么呼唤它，它都驻足不前。好聪明的狗！它居然记得前一天的事，知道我不能长久收留它，就非常有分寸地不再送了。能说卑微的动物没有"心眼儿"吗?

一路回家,我心中怅然若失。我究竟还是不能有一只心爱的狗,它不是属于我的。外子看我无情无绪的样子,笑着劝我说:"你只要爱狗,每天享受一下和它谈心之乐就行了,何必一定占为己有呢?"与狗无缘的他又加了一句:"何况见人就跟的狗,绝非名种。"我说:"何必名种呢?养尊处优的名种狗,反倒自视不凡,拒人于千里之外。哪有历尽沧桑的狗,重视人们对它的情义呢?"

倒是他说的每天可以享受与狗"谈心之乐"这句话,使我抱歉之心,稍得释然。我转念想,它已幸得避风雨之处,又有海阔天空的校园,供它自由奔跑嬉乐,岂不比关在大门内,跼天蹐地忍受主人外出时的寂寞好得多。它既已对我另眼相看,我们能每天见面,"握手言欢"就很好,何必非要它守在家中,才是我最最心爱的狗呢?

我至今也不知它叫什么名字,只要喊一声"狗狗",它就飞奔而至。它是如此心安理得地做一只狗,与它坦诚地交往,倒真有"狗逢知己"之感呢。

写了《狗逢知己》的短文,稿子寄出才两天,再去校园时,就没看见它来迎接我。一问工友,说已被清洁处抓走,多半处死了。我好难过,好后悔没有收养它,和它竟只短短一个月的缘分,为什么人世间总是这般无奈。

整整一天,我什么事也做不下去,一直在想着那只可怜的狗。我先生说:"世间多少无家可归的苦难者,你都没看见,即使看见了,你救得了吗?"我越加难过了。

有时想想,人实在应当冷酷点,免得自寻烦恼,我不敢再养猫狗,也是如此,但就连偶然遇见的一只狗,也要有这么悲惨的下场,让人伤心。

赏读

本文题为《狗逢知己》,似有不妥,应该说"人逢知己狗"。写动物的散文多,人宠爱动物,得其欢心;动物善解人意,惹人爱怜。这篇不尽一样,人对狗好,狗顺人情,不过,这"顺",不是出于一般的领会,而是狗对人性深刻体悟之后的选择。

琦君内心有一种悲天悯人的爱。她在《烟愁》后记中写道:"每回我写到我的父母家人与师友,我都禁不住热泪盈眶。我忘不了他们对我的关爱,我也珍惜自己对他们的这一份情。像树木花草似的，谁能没有一个根呢？我常常想，我若能忘掉亲人师友，忘掉童年，忘掉故乡，我若能不再哭，不再笑，我宁愿搁下笔，此生永不再写，然而，这怎么可能呢？"（《留予他年说梦痕》）亲人的爱植根心底，生长发育，繁枝茂叶，扩及所有人乃至于动物。

"我"去一座大学校园做晨操，门口有一只无人理睬的矮胖的狗，"我"一见便和它招呼，从此招呼了来，握手了去。向无恒心的"我"为与狗的见面，风雨也无阻每日的晨练了，狗则模仿"我"打太极拳的动作，感动了"我"，遂引它为知己。一天狗跟"我"回了家，打开第二道门时，"我"犹豫了，"真能收留它吗？"想到自己忙乱而难以负起全部照顾的责任，"终于没有请它进屋子"，在"歉疚与怅惘"中目送它在微雨中渐渐离去。这是一段令人揪心的描写。这可能是一只无家可归暂由学校工友收留的狗，和"我"熟络起来后，"依依地一直跟随着我，忽前忽后，忽快忽慢，不时转过头来看我，那神情是打算护送我回家的样子"。这样乖顺，这样欢快，"我"动了收留它的念头，可在此时，风雨中，它又快快归去了。它来，顺着人意；它走，也顺着人意。纯良慈悲的"我"于心能忍？第二天急切地去校园看它，狗依旧亲热于"我"，全不在意昨天被拒之门外的冷遇。"我"更觉愧疚，打算请它去家里喝牛奶，再吃卤肉，可是它送"我"仅到校门口，再如何呼唤，它都驻足不前了。

狗理解人，准确地说，狗识人性。经历太多的人间冷暖，懂得人类在两难选择时自私的本性，也能体会到人在这种时候的彷徨、愧疚、不安，从而接受作为狗畜命运卑微的安排。

所以与其说"狗逢知己"，倒不如说"人逢知己狗"，狗没有乞求，更没有赖着不走，免了"我"的尴尬，免了与人撕破脸皮不欢而散的结局。不能不说，琦君笔下的这只狗，是一只有心眼、有好心眼的狗，它是一个智者，一个明白了人情世故的清醒的现实主义者。它依旧对"我"好，它珍惜现在的拥有。知足，生活才会美好。

可再仔细地想，这只知己的狗所思所想，何尝不是作者的自我剖析和反省？是与狗换位思考之后，对人性的爬梳和洞见。正是这种认识，更见出作者博大的悲悯的情怀。狗最后被清洁处抓走，多半处死了。在人主导的生存环境里，人与狗发生利益冲突时，狗必须退让，甚至要付出生命的代价。狗之退让，以求温饱安静的生活，岂又能随时随处可得？地球这个舞台如果删除了所有动物的台词，只剩下一种声音，人类的恻隐之心也会自动删除。文后的一则"小记"，道出了实情真情，引人深思。这样说来，"狗逢知己"又到底比"人逢知己狗"更贴切。

有一则消息说，美国中央情报局（CIA）将一只嗅探犬送回普通人家饲养，原因不是它表现不够好，而是它不喜欢这个工作。不得不说，CIA的决定真的很暖，他们考虑的是狗的心情，既然不愿意做特工，就让它回归到普通小狗的行列中去。还有一则故事，笔者在一所校园看到一个女孩抽泣不止，伤心至极，周围站着的另外几个孩子也一脸沮丧。询问后知道是一只小猫不见了，她们找了两天，遍及校园每个角落而不得。琦君在《失犬记》中说："幼年时，眼看一只心爱的小猫被倒下的柴堆压死了，我为它哭了好几天，那种惨痛的记忆至今不能泯灭。"人性本善，守住这份善，就能守住不使人性跌落的堤坝。

琦君散文，真挚而热烈的情感从平常细腻处流出，絮语疏淡，温雅亲切。读琦君散文最好是盛夏午后、寒秋灯夜时分，陶冶情操，净化灵魂。

延伸阅读

1. 琦君：《粽子里的乡愁——琦君散文》，杭州：浙江文艺出版社2015年版。

2. 琦君：《母亲的菩提树》，北京：人民文学出版社2015年版。

门　前[①]

顾　城

我多么希望，有一个门口
早晨，阳光照在草上

我们站着
扶着自己的门扇
门很低，但太阳是明亮的

草在结它的种子
风在摇它的叶子
我们站着，不说话
就十分美好

有门，不用开开
是我们的，就十分美好

---

①　选自《顾城的诗　顾城的画》（江苏文艺出版社 2009 年版）。顾城（1956—1993），北京人。著有《顾城新诗自选集》等作品。

早晨，黑夜还要流浪
我们把六弦琴交给他
我们不走了

我们需要土地
需要永不毁灭的土地
我们要乘着它
度过一生

土地是粗糙的，有时狭隘
然而，它有历史
有一份天空，一份月亮
一份露水和早晨

我们爱土地
我们站着
用木鞋挖着泥土
门也晒热了
我们轻轻靠着，十分美好

墙后的草
不会再长大了，它只用指
尖，触了触阳光

1982 年 8 月

赏读

顾城，故城。他的名字，连同他标志性的方帽都是一种隐喻。他多么渴望拥有一个属于自己的王国啊！哪怕这个王国只是"门前"的尺寸方圆，他依然可以像国王一样巡行在这片骄傲的土地上。土地，是诗人最为珍视的生活元素，他调动想象构筑起一个简单却"十分美好"的家园：在那里，可以看到"草在结它的种子，风在摇它的叶子";"有门,不用开开"但却"是我们的";它甚至可以"粗糙",也可以"狭隘",只是"有一份天空,一份月亮,一份露水和早晨"。这一切,顾城都在小心翼翼地经营着,准确地说,小心翼翼地期盼着。这份小心翼翼的背后,大概就是因为那个虽被反复言说却被轻易模糊的"我们",他在诗歌当中留下了相当耐人寻味的信息。

其实"我们"指向的是谁?是谢烨还是虚拟的抒情对象?都已经不重要了。或许,身处纯色幻梦中的顾城早已不愿分辨。对于这个绝对宁静、绝对纯粹的世界,顾城却不愿独占。他需要一个"轻轻靠着"的人来分享这份美好,来参与创造这份美好——他需要一个依傍。从这个角度来说,顾城确实是一个孩童一般的诗人。与"只身打马过草原"的海子不同,顾城无法独自面对生活的孤单,犹如婴孩渴望被陪伴、被保护。是的,绝对的纯美也意味着绝对的封闭。顾城曾经写下"人可生如蚁而美如神"这样的句子,生的卑微与美的伟大,成了诗人取舍的绝对价值。他也知道"土地是粗糙的,有时狭隘",只是最终却无法承认它行将毁灭。

国王之梦做得太久,他不愿醒来了。这首诗自始至终都没有描述现实。轻轻一句"我多么希望"就开始了诗人对生活的全部构想。犹如海子在《面朝大海,春暖花开》中起头的那句"从明天起",两者共同赋予了理想以寄望,却又暗示了当下现实与理想的巨大疏离。

在诗歌日渐被边缘化的今天,诗歌王国似乎已经崩塌了,荒芜了。念兹在兹的人,仿佛如慕容复一般终日梦呓地痴迷于渺茫的复国大业,最后唯有在凄楚的晚风中接受几个毛头小孩戏谑式的朝拜。然而,我们仍有理由相信,只要诗歌精神不死,诗歌就不会离我们远去。

延伸阅读

1. 顾城:《顾城诗全集》,南京:江苏文艺出版社 2010 年版。
2. 顾城:《〈英儿〉及其他:小说卷》,北京:金城出版社 2015 年版。

切磋琢磨

1. 看下面一段材料，回答后面的问题。

　　2006年11月20日早晨，南京某公交站台，一位老太太被撞骨折，路人彭宇扶起了她，并在其家属到达后协助送老太太去了医院，还为其垫付了住院费。后来老太太咬定彭宇撞倒了她，并告到法院要求赔偿。法院直言彭宇不抓撞人者而去扶伤者、家属到达现场后未选择自行离去，到医院又垫付住院费用，全"与情理相悖"。

　　你认为法院的推断是否合理？为什么？我们可以从《一件小事》中得到怎样的启发？

2. 我们生活在全新的经济型社会里，绝对贫困已经离我们远去，物质生活的极大丰富促进了新文化的生成。这些构成了传统文化及其价值观念与当下人文关怀的某种程度的冲突，传统文化及其价值观念被不断扬弃。在今天的历史时空里，应该如何认知传统文化呢？从史铁生《我的遥远的清平湾》里，我们将得到什么样的答案呢？

3. 琦君对小动物充满爱怜，在散文里谈到，自己总是等到蚂蚁拖完掉在厨房里的食物之后，才打扫房间。为杜绝丈夫用杀虫剂喷杀蚂蚁，竟事先把杀虫剂丢弃。《鼠友》中提到，任由小老鼠偷吃，甚至亲自为小老鼠准备食物。这样的做法，你是否赞同？为什么？

春晖寸草

- 爸爸的花儿落了　林海音

- 上边　王祥夫

- 对坐　彭程

- 献给母亲的方尖碑　舒婷

- 女儿心（节选）　许地山

导读

伴随着"哇"的一声啼哭，我们开始睁开眼睛好奇地打量这个陌生的世界，这时我们看到了亲人慈爱的笑脸。骨肉亲情，是我们来到世上最原初的情感。亲情可贵，在于它最纯粹、最无私；亲情不易，在于它承前启后，每一段都是无从参考的孤本。正是因为亲情值得被反复言说，于是它成为众多文学作品经久不衰的母题。

本单元所辑录的文章均围绕子女对父母不同的亲情体验而展开。成长是每个人生命中不可或缺的故事，子女的成长意味着自我的逐渐唤醒与父母的悄然隐退。这个过程可能有龃龉与不解，但也不乏关爱与坚忍。林海音小说节选《爸爸的花儿落了》讲述的就是子女悄然成长的故事。主人公小英子在爸爸病重之际，逐渐褪去了身上的稚气，也摆脱了对爸爸的惯性依赖，终于在爸爸离世以后意识到自己不再是小孩子，而要承担起家庭的重责。小说以孩童的视角揭示了子女成长的幽微的心路历程，作品"哀而不伤"的情绪表达令人深受感动。

如果说被动长大是成长路上的一声叹喟，那么成长的另一面可能就意味着出走与分离。当曾经的小天地不足以承载更大的梦想，父母、家乡也就成了众多子女不得不割舍的牵绊。王祥夫短篇小说《上边》给我们描述了一个被遗弃的山村，那里只有一对年迈的父母在默默守候零落的家园。人人都在逃离，包括这对老夫妇的儿子。"上边"与"下边"如隔红尘万丈，只有儿子归来的足迹连接了两个世界。肉身的出走与亲情的归依，是那些离乡背井的子女们最深沉的困境。

除了地理的阻隔，骨肉亲情还要面对时间的劫掠。彭程的散文《对坐》及时向我们提醒：那些与父母相处时种种不经意的瞬间，在时光的淘洗下将会变得愈加弥足珍贵。衰老无时无刻不在发生，而享有那些温馨的片段，其实就是幸福的意义。当然，时间的铁律不可违逆，生命的轮回也无从避免。

舒婷的诗歌《献给母亲的方尖碑》抒发了一个女儿对亡母最深切的思念。母亲"随着落潮去了",诗人不无悔恨地幻想"凭青春和爱情的力量/能不能在黎明时把她夺回",也祈求"让我在人心靠近源泉的地方/为母亲们/立一块朴素的方尖碑"。深情款款,令人动容。这注定是为人子女者最无力的时刻,但父母离去的同时意味着完成了对我们责任的交付,也完成了对子女成长最动人心魄的一课。

至亲离世,固然令人悲痛,但情感的羁绊却不会因此割断。所谓"剪不断,理还乱",有时情感的羁绊恰恰赋予了生活新的意义。许地山小说《女儿心》(节选)讲述了一个关于"寻亲"的故事。故事女主人公麟趾在革命风暴下从家中逃出,辗转流浪,历尽艰辛。最后为了寻找生死未卜的父亲,又踏上了未知的征途。其实,对主人公而言,生死作为答案已非重要,骨肉亲情就是驱使她不断前行的顽强信念。正如当代诗人王小妮所言:"即使徒劳,也要让这徒劳发生。"

综观上述篇章,我们不难感知骨肉亲情之可贵。与爱情、友情不同,其不可逆的特质决定了子女往往蒙受更多的恩泽,也赋予了子女更紧迫的使命。"谁言寸草心,报得三春晖。"成长的曲折从不会妨碍爱意的表达。相信在爱与智慧的指引下,同学们一定能够从本单元的文字中获得足够的力量与启迪。

爸爸的花儿落了[1]

林海音

  新建的大礼堂里,坐满了人;我们毕业生坐在前八排,我又是坐在最前一排的中间位子上。我的襟上有一朵粉红色的夹竹桃,是临来时妈妈从院子里摘下来给我别上的,她说:"夹竹桃是你爸爸种的,戴着它,就像爸爸看见你上台时一样!"

  爸爸病倒了,他住在医院里不能来。昨天我去看爸爸,他的喉咙肿胀着,声音是低哑的。我告诉爸,行毕业典礼的时候,我代表全体同学领毕业证书,并且致谢词。我问爸,能不能起来,参加我的毕业典礼?六年前他参加了我们学校的那次欢送毕业同学同乐会时,曾经要我好好用功,六年后也代表同学领毕业证书和致谢词。今天,"六年后"到了,老师真的选了我做这件事。

  爸爸哑着嗓子,拉起我的手笑笑说:"我怎么能够去?"

  但是我说:"爸爸,你不去,我很害怕。你在台底下,我上台说话就不发慌了。"

---

[1] 选自《城南旧事》(陕西师范大学出版社 2009 年版),有改动。林海音(1918—2001),台湾人。著有《城南旧事》《婚姻的故事》等作品。

爸爸说:"英子,不要怕,无论什么困难的事,只要硬着头皮去做,就闯过去了。"

"那么爸不也可以硬着头皮从床上起来,到我们学校去吗?"

爸爸看着我,摇摇头,不说话了。他把脸转向墙那边,举起他的手,看那上面的指甲。然后,他又转过脸来叮嘱我:"明天要早起,收拾好就到学校去,这是你在小学的最后一天了,可不能迟到!"

"我知道,爸爸。"

"没有爸爸,你更要自己管自己,并且管弟弟和妹妹,你已经大了,是不是,英子?"

"是。"我虽然这么答应了,但是觉得爸爸讲的话很使我不舒服,自从六年前的那一次,我何曾再迟到过?

当我上一年级的时候,就有早晨赖在床上不起床的毛病。每天早晨醒来,看到阳光照到玻璃窗上了,我的心里就是一阵愁:已经这么晚了,等起来,洗脸,扎辫子,换制服,再到学校去,准又是一进教室被罚站在门边。同学们的眼光,会一个个向你投过来,我虽然很懒惰,却也知道害羞呀!所以又愁又怕,每天都是怀着恐惧的心情,奔向学校去。最糟的是爸爸不许小孩子上学坐车的,他不管你晚不晚。

有一天,下大雨,我醒来就知道不早了,因为爸爸已经在吃早点。我听着,望着大雨,心里愁得不得了。我上学不但要晚了,而且要被妈妈打扮得穿上肥大的夹袄(是在夏天!),和踢拖着不合脚的油鞋,举着一把大油纸伞,走向学校去!想到这么不舒服地上学,我竟有勇气赖在床上不起来了。

等一下,妈妈进来了。她看我还没有起床,吓了一跳,催促着我,但是我皱紧了眉头,低声向妈哀求说:"妈,今天晚了,我就不去上学了吧?"

妈妈就是做不了爸爸的主意,当她转身出去,爸爸就进来了。他瘦瘦高高的,站在床前来,瞪着我:"怎么还不起来,快起!快起!"

"晚了!爸!"我硬着头皮说。

"晚了也得去,怎么可以逃学!起!"

一个字的命令最可怕,但是我怎么啦!居然有勇气不挪窝。

爸气极了,一把把我从床上拖起来,我的眼泪就流出来了。爸左看右看,结果从桌上抄起鸡毛掸子倒转来拿,藤鞭子在空中一抡,就发出咻咻的声音,我挨打了!

爸把我从床头打到床角，从床上打到床下，外面的雨声混合着我的哭声。我哭号，躲避，最后还是冒着大雨上学去了。我是一只狼狈的小狗，被宋妈抱上了洋车——第一次花五大枚坐车去上学。

我坐在放下雨篷的洋车里，一边抽抽搭搭地哭着，一边撩起裤脚来检查我的伤痕。那一条条鼓起来的鞭痕，是红的，而且发着热。我把裤脚向下拉了拉，遮盖住最下面的一条伤痕，我怕被同学耻笑。

虽然迟到了，但是老师并没有罚我站，这是因为下雨天可以原谅的缘故。

老师教我们先静默再读书。坐直身子，手背在身后，闭上眼睛，静静地想五分钟。老师说：想想看，你是不是听爸妈和老师的话？昨天的功课有没有做好？今天的功课全带来了吗？早晨跟爸妈有礼貌地告别了吗？……我听到这儿，鼻子抽搭了一大下，幸好我的眼睛是闭着的，泪水不至于流出来。

正在静默的当中，我的肩头被拍了一下，急忙地睁开了眼，原来是老师站在我的位子边。他用眼势告诉我，教我向教室的窗外看去，我猛一转过头看，是爸爸那瘦高的影子！

我刚安静下来的心又害怕起来了！爸为什么追到学校来？爸爸点头示意招我出去。我看看老师，征求他的同意，老师也微笑地点点头，表示答应我出去。

我走出了教室，站在爸面前。爸没说什么，打开了手中的包袱，拿出来的是我的花夹袄。他递给我，看着我穿上，又拿出两个铜子儿来给我。

后来怎么样了，我已经不记得，因为那是六年以前的事了。只记得，从那以后，到今天，每天早晨我都是等待着校工开大铁栅校门的学生之一。冬天的清晨站在校门前，戴着露出五个手指头的那种手套，举了一块热乎乎的烤白薯在吃着。夏天的早晨站在校门前，手里举着从花池里摘下的玉簪花，送给亲爱的韩老师，她教我唱歌跳舞。

啊！这样的早晨，一年年都过去了，今天是我最后一天在这学校里啦！

当当当，钟声响了，毕业典礼就要开始。看外面的天，有点阴，我忽然想，爸爸会不会忽然从床上起来，给我送来花夹袄？我又想，爸爸的病几时才能好？妈妈今早的眼睛为什么红肿着？院里大盆的石榴和夹竹桃今年爸爸都没有给上麻渣，他为了叔叔给日本人害死，急得吐血了。到了五月节，石榴花没有开得那么红，那么大。如果秋天来了，爸还要买那样多的菊花，摆满在我们的院子里、廊檐下、客厅的花架上吗？

爸是多么喜欢花。

每天他下班回来,我们在门口等他,他把草帽推到头后面抱起弟弟,经过自来水龙头,拿起灌满了水的喷水壶,唱着歌儿走到后院来。他回家来的第一件事就是浇花。那时太阳快要下去了,院子里吹着凉爽的风,爸爸摘下一朵茉莉插到瘦鸡妹妹的头发上。陈家的伯伯对爸爸说:"老林,你这样喜欢花,所以你太太生了一堆女儿!"我有四个妹妹,只有两个弟弟。我才十二岁。……

我为什么总想到这些呢?韩主任已经上台了,他很正经地说:"各位同学都毕业了,就要离开上了六年的小学到中学去读书,做了中学生就不是小孩子了,当你们回到小学来看老师的时候,我一定高兴看你们都长高了,长大了……"

于是我唱了五年的骊歌,现在轮到同学们唱给我们送别:"长亭外,古道边,芳草碧连天。……问君此去几时来,来时莫徘徊!天之涯,地之角,知交半零落,人生难得是欢聚,惟有别离多……"

我哭了,我们毕业生都哭了。我们是多么喜欢长高了变成大人,我们又是多么怕呢!当我们回到小学来的时候,无论长得多么高,多么大,老师!你们要永远拿我当个孩子呀!

做大人,常常有人要我做大人。

宋妈临回她的老家的时候说:

"英子,你大了,可不能跟弟弟再吵嘴!他还小。"

兰姨娘跟着那个四眼狗上马车的时候说:

"英子,你大了,可不能招你妈妈生气了!"

蹲在草地里的那个人说:

"等到你小学毕业了,长大了,我们看海去。"

虽然,这些人都随着我的长大没了影子了。是跟着我失去的童年也一块儿失去了吗?

爸爸也不拿我当孩子了,他说:

"英子,去把这些钱寄给在日本读书的陈叔叔。"

"爸爸!——"

"不要怕,英子,你要学做许多事,将来好帮着你妈妈。你最大。"

于是他数了钱,告诉我怎样到东交民巷的正金银行去寄这笔钱——到最里面的柜子上去要一张寄款单,填上"金柒拾圆也",写上日本横滨的地址,交给柜台里的小日本儿!

我虽然很害怕,但是也得硬着头皮去。——这是爸爸说的,无论什么困难的事,只要硬着头皮去做,就闯过去了。

"闯练,闯练,英子。"我临去时爸爸还这样叮嘱我。

我心情紧张地手里捏紧一卷钞票到银行去。等到从最高台阶的正金银行出来,看着东交民巷街道中的花圃种满了蒲公英,我很高兴地想:闯过来了,快回家去,告诉爸爸,并且要他明天在花池里也种满了蒲公英。

快回家去!快回家去!拿着刚发下来的小学毕业文凭——红丝带子系着的白纸筒,催着自己,我好像怕赶不上什么事情似的,为什么呀?

进了家门来,静悄悄的,四个妹妹和两个弟弟都坐在院子里的小板凳上,他们在玩沙土,旁边的夹竹桃不知什么时候垂下了好几枝子,散散落落的很不像样,是因为爸爸今年没有收拾它们——修剪、捆扎和施肥。

石榴树大盆底下也有几粒没有长成的小石榴,我很生气,问妹妹们:

"是谁把爸爸的石榴摘下来的?我要告诉爸爸去!"

妹妹们惊奇地睁大了眼,她们摇摇头说:"是它们自己掉下来的。"

我捡起小青石榴。缺了一根手指头的厨子老高从外面进来了,他说:

"大小姐,别说什么告诉你爸爸了,你妈妈刚从医院来了电话,叫你赶快去,你爸爸已经……"

他为什么不说下去了?我忽然觉得着急起来,大声喊着说:

"你说什么?老高。"

"大小姐,到了医院,好好儿劝劝你妈,这里就数你大了!就数你大了!"

瘦鸡妹妹还在抢燕燕的小玩意儿,弟弟把沙土灌进玻璃瓶里。是的,这里就数我大了,我是小小的大人。

我对老高说:

"老高,我知道是什么事了,我就去医院。"我从来没有过这样的镇定,这样的安静。

我把小学毕业文凭放到书桌的抽屉里,再出来,老高已经替我雇好了到医院的车子。走过院子,看那垂落的夹竹桃,我默念着:

爸爸的花儿落了,我也不再是小孩子。

赏读

选文《爸爸的花儿落了》是林海音代表作《城南旧事》中的最后一篇。在《城南旧事》这部自传体小说中，作者以童稚的眼光打量世界，记录了英子所经历的种种人事变迁。而一句"爸爸的花儿落了，我也不再是小孩子"，成为了全书的结语，同时也给无数的读者留下了难以磨灭的印象。"爸爸的花儿落了"究竟意味着什么？到底什么才是长大呢？

故事是从英子的毕业典礼说起的。此时，爸爸已经是卧病住院无法外出了。而一向依恋爸爸的英子，自然陷入了无所适从的艰难境地。她是多么渴望爸爸能够参加自己的毕业典礼，能够在台下默默鼓舞致谢词的自己啊！在孩童时代，子女对父母最深挚的感情就是无条件的依赖。他们的世界还很小，但是父母的身影却很高大。在父母身边他们才有最充实的安全感，也习惯从父母身上获得开拓世界的点滴勇气。

在英子看来，不乏严厉的爸爸一直最悉心地照料着自己和家人，而如今爸爸只是反复地叮嘱："你已经大了。"再不能像从前一样提供依靠。爸爸喜欢的花儿也再没有人照料，"爸爸的花儿落了"，这是人生早已注定的悲伤时刻，所有的父母都终究会放手，没有人能够逆转。但至此骨肉亲情又会转入另一个主题，那就是关于成长。

"成大""长大"一类词语对英子来说或许更像是魔咒。爸爸这样说，老师这样说，宋妈这样说，兰姨娘这样说，"蹲在草地里的那个人"也这样说。但他们都陆续"跟着我失去的童年也一块儿失去了"。非独英子，每个"长大"的人都一定有过某种怅然若失的感受。其实成长首先就意味着丧失，熟悉的人和事会逐渐离我们远去。小说中反复出现的《骊歌》，就是对此充满温情的宣泄。但成长又意味着面对丧失的笃定与释然。每个人都要尝试学会与生活和解，不是随波逐流，而是处变不惊。最后英子闻知爸爸的噩耗，却表示"我从来没有过这样的镇定，这样的安静"。她终于不再是一个小孩子了。

或许，成长就是一种心理维度，摆脱稚气，走出童年。我们固然会为此而隐隐失落，但积极地看，成长也是子女回馈父母的一种方式。正如文中的英子，为了父亲，甘愿硬着头皮不断去"闯练"；为了父亲，也甘愿放下依赖，承担责任。而时下热议的少年感，实则反映了我们在社会重压之下对从前少年心事的深情回忆，也是对少年锐气的热切呼唤。"愿你出走半生，归来仍是少年"，我们讴歌少年心性的同时，也应该对负重前行的早慧者怀有温情的敬意。生命自有不能承受之轻，大概这就是成长的意义。

延伸阅读

1. 林海音：《城南旧事》，陕西师范大学出版社 2009 年版。

2. 纪录片《他们在岛屿写作：两地》，上映时间：2011 年 4 月，地点：中国台湾。

切磋琢磨

《城南旧事》中冲淡的语言和天真的孩童视角历来为广大读者所津津乐道。也有人认为两者限制了小说深度的挖掘，你是如何认为的呢？在日常的写作中，你是否有过类似的尝试？

上　边[1]

王祥夫

外边来的人，怎么说呢？都觉得上边真是个好地方，都觉着上边的人搬到下边去住是不可思议。这么一来呢，就显出刘子瑞和他女人的与众不同，别人都搬下去了，上边，就只剩了刘家老两口，好像是，他们是留下来专门看守上边的空房的。人们都知道，房子这种东西就是要人住才行，一旦没人住就会很快破败下来。一开始，人们搬下去了，但还是舍不得上边的房子，门啦窗子啦都用石头堵了，那时候，搬下去的人们还经常回来看看，人和房子原是有感情的。后来，那房子便在人们的眼里一点点破败掉，先是房顶漏了，漏出了窟窿。但是呢，既然不再住人，漏就漏吧，结果那窟窿就越漏越大，到后来，那房顶就会慢慢塌掉。人们一开始还上来得勤一点，到了后来，下边的活计也忙，人们就很少上来了。有些人家，虽然搬下去了，但上边还有一些碎地，零零星星的碎地，一开始还上来种，到了后来，连那零零星星的碎地也不上来种了。这样一

---

[1] 选自《归来》（台海出版社2015年版），有改动。王祥夫，1958年生于辽宁抚顺。著有《种子》《午夜随笔》等作品。

来呢,上边就更寂寞了,人们倒要奇怪老刘家怎么不搬下去?外边的人来了,就更是觉得奇怪。村子破败了,味道却出来了,好像是,上边的村子要是不破败倒没了味道,破败了才好看,而这好看的破败和荒凉之中却让人意外地发现还有户人家在这里生活着,却又是两个老人。这就让这上边的村子有了一种神秘感,好像是,老刘家真是与众不同了。这倒不单单因为老刘家的儿子在太原工作。

人们把这个村子叫"上边",因为它在山上,村子的后边也就是西北边还是山,山后边呢,自然还是山。因为是在山里,房子便都是石头盖的,石头是那种白色的,给太阳晒得晃眼。村子里的道路原是曲曲弯弯的,曲曲弯弯的道路也是石头铺的,是那种圆石头,起起伏伏地铺过来铺过去,道路两边便是人家,人家的墙也是石头砌的,高高低低的石头墙里或是一株树,或是刘子瑞今年种的玉米,今年的雨水又勤,那玉米就长得比往年格外好,绿得发黑,年轻力壮的样子。既然人们都不要那院子了,老刘便在那荒败的院子里都种上了庄稼,这样可以少走一些路,村子外的地就可以少种一些。老刘的院子呢,在一进村不远的地方,一进去,左首是三间矮房,窗台下就是鸡窝。右首是一间牲口棚,那头驴在里边站着,嘴却在永远不停地动。驴棚的顶子上晒满了玉米,紧靠着牲口棚是一间放杂物的小房,房顶上堆满了谷草,房子里是那条狗,来了人会扑出来,却用铁链子拴着。因为用铁链子拴着就更愤怒了,不停在叫,不停在叫,也不知是想咬人一口还是想让人把它给放开。而那些鸡却不怕它,照样在它的身边寻寻觅觅,有时候呢,还会感情暧昧地轻轻啄一下狗,亲昵中有些巴结的意思,又好像还有些安慰的意思在里边。老刘家养了一院子的鸡,那些鸡便在院子里到处刨食,这里刨一个坑,那里刨一个坑,坑里有什么呢?真是让人莫名其妙。有两只鸡不知是老了还是得了什么病,最近毛都脱光了,露出红红的鸡皮,好像是,鸡也知道好看难看,别的鸡也许是嫌这两只鸡太难看,便不停地去啄它,你啄一下,我啄一下,这两只鸡身上的毛便更少。鸡这种东西,原来都是势利眼,刘子瑞的女人把玉米往院子里一撒一撒,这就是在喂鸡了,而那些鸡却偏偏不让这两只脱了毛的鸡吃食,只要这两只鸡一表现出要吃食的欲望,别的鸡就舍弃了吃食而对那两只鸡群起而攻之。有时候,这两只鸡简直就给啄晕了,就缩在土坑里,闭着眼,像是死了,却是活着。等别的鸡吃完了,这两只鸡才敢慢慢慢慢站起来,脱了毛的鸡真是难看,红红的,腿又是出奇的长,每迈一步都很夸张的样子，啄食的时候，要比别的鸡慢好几拍，好像是，那只是一种试探，看看别的鸡是不是同意自己这么做。这也是一种日子。

日子呢，是什么意思？仔细想想，倒要让人不明白了。比如就这个刘子瑞，天亮了，出去了，去弄庄稼去了，他女人呢，颠着小脚去喂驴，然后是喂鸡，然后呢喂那条狗。日头高起来的时候又该做饭了，刘子瑞女人便又颠着小脚去弄了柴火，把灶火点着了，然后呢，去洗山药了，洗好了山药，那锅里的水也开了，便下了米。锅里的水刚好把米埋住，这你就会明白刘子瑞女人是要做稠粥了。水开了后，那米便被煮涨了，水不见了，锅里只有"咕咕嘟嘟"的米，这时候刘子瑞的女人便把切好的山药片子一片一片放在了米上，然后盖了锅盖。然后呢，便又去捞来一块老腌菜，在那里"嚓嚓嚓嚓，嚓嚓嚓嚓"地切。然后是，再用水淘一淘，然后是，往老腌菜丝里倒一点点麻油。这样呢，饭就快要做好了。饭做好的时候，刘子瑞的女人便会出去一回回地看，看一回，再看一回，站在院子的门口朝东边看，因为刘子瑞总是从那边上来。她在这院门口简直就是看了一辈子，从前呢，是看儿子回来，现在呢，只有看自己的男人。有时候，连她自己都觉着自己有些奇怪，为什么不搬到下边去住？好像是，她怕这个她住了一辈子的村子寂寞，她对村子里的一草一木太熟悉了。要是自己走了呢，她常常问自己，那庄稼、那树、那鸽子该怎么办？要是儿子一下子从太原回来呢？怎么办？她这么一想的时候，就好像已经看到了院子里长了草，房顶上长了草，好像是，都已经看到了儿子站在院门口失望的样子。儿子已经有好长时间没回来过了。好像是，她现在已经习惯了。

当时，下村的刘泽祖就是从东边的那条路把儿子给他送来的。儿子当时才六岁，看上去呢，像是三四岁，太瘦太小。村里的人都说怕这孩子不好活，说不要也罢。刘泽祖呢，说这孩子也不知是哪里的？在麻镇走来走去跟个狗似的已经有一个多月了。镇上的人说天也要冷了可别把这孩子冻死，谁家没孩子就把他领走也算是做了件好事。刘泽祖当时正在镇里开村干会，就把这孩子给刘子瑞背了回来。这都是多会儿的事情了。人们都知道刘子瑞的女人不会生孩子，她是三十岁上抱的这孩子，这孩子来刘子瑞家的时候已经六岁，这孩子叫什么？叫刘拴柱，意思全在名字里了，是刘子瑞和他女人的意思。这孩子也真是争气，上学念书都好。在上边村里住的孩子，要念书就要到下边去，多少个日子，树叶子一样，原是算不清的，刘子瑞的女人总是背了这个拴柱往下边村送,刘子瑞的女人偏又是小脚,背着孩子,那路怎么好走?下坡,叉着腿,一步一步挪。一年级、二年级、三年级就是这样过来的,天天都要送下去,放学的时候,还要再下去,再把拴柱背回来,一直到上四年级那年冬天,是刘子瑞女人大病了一场,山里雪又大,刘子瑞又正在修干渠,刘子瑞的女人才不再接送这个孩子。人们都说生的不如养的亲,这话什么意思呢?刘子瑞的女人再清楚不过,亲就是牵肠挂肚。比如,一到拴柱下学的时候,刘子瑞的女人就坐不住了,要到院子外去等,等过了时候,她便会朝外走,走到村巷外边去,再走,走到下边的那棵大树那边。再走,就走到村外了。那小小的影子呢,便也在远远的地方出现了,一点一点大起来也就走近了。日子呢,也就这样不知不觉地过去又过来。就是现在,天下雪了,刘子瑞女人就会想儿子那边冷不冷。刮风呢,刘子瑞女人就又会想儿子那边是不是也在刮风。儿子上中学时的笔记本子,现在还在柜顶上放着。柜顶上还有一个铁壳子闹钟,现在已经不走了,闹钟是儿子上学时买的。闹钟上边是两个镜框,里边是照片,儿子从小到大的笑都收在那里边。镜框里边还有,儿子同学的照片。还有,儿子老师的照片。还有,儿子搞过的一个对象,后来吹了,那照片却还在那里。刘子瑞的女人有时候还会想:这姑娘现在结了婚没?还有,一张请帖,红红的,什么事?请谁呢?刘子瑞女人亦是不知道,总之是儿子拿回来的,现在,也在镜框里。

玉米是个好东西,玉米可以煮上吃的时候也就是说快到秋天了。今年上边的玉米长得出奇的好。玉米棒子,怎么说呢,用刘子瑞的话说:"长得真像是驴球!"刘子瑞上县城卖了一回驴球样的玉米,他还想再去多卖几回,他发愁地里的玉米怎么收?收回来怎么放?房顶上都堆满了,总不能让玉米在地里待着。偏巧呢,天又下开了雨,而且是下个不停。屋子又开始漏了。刘子瑞上了一回房,又上了一回,用塑料布把房子苫了一回,但房子还是漏。刘子瑞女人把柴禾抱到了东屋里,东屋的炕上摊了些粮食,炕着。东屋也漏,炕上便也放几个盆子。刘子瑞的女人时不时要去倒那盆里的水,端着盆,叉着腿,一下,一下,慢慢出去,院子里简直就都是稀泥。那些鸡算是倒了霉,在驴圈门口缩着发愁,半闭着眼,阴阳怪气的样子。那两只脱毛鸡好像要把头和翅子都重新缩回到肚子里去,或者是,想再缩回到一个蛋壳里去,只是,现在没那么大的蛋壳。刘子瑞的女人把盆子里的水一盆一盆都倒在院子外边去。院子外边的村道是个斜坡,朝东边下去,道上的石头都给雨淋得亮光光的,再下去就是一个小场面,刘子瑞现在就在那小场面上收拾庄稼,场面上那个黑石头小碌碡在雨里黑得发亮。雨下了几天呢,足足下了两天,地里的玉米长得实在是太高了,雨下得地里的玉米东倒西歪,像是喝醉了。玉米棒子太大了,一个一个都驴球样垂了下来。雨下了两天,然后是暴太阳,这才叫热,房顶、院子、地里和远远近近的地方都冒着腾腾的蒸气,像是蒸锅,只不过人们都把这种气叫做雾。太阳也许是太足了,又过了几天,地就全干了。上边村的地是那种细泥土,那土简直要比最细的箩筛出的莜面还要细,光脚踩上去那才叫舒服。院子里,鸡又活了,又都东风压倒西风地互相啄来啄去。鸡的爪子,就像是一把把小耙子,不停地耙,不停地耙,把院子里的土耙得不能再松,土耙松了,鸡就要在土里洗澡了:土是那么的干爽,那么的细发,热乎乎的,鸡们是高兴的,爪子把土刨起多高,然后是翅子,把土扬起来,扬起来,身子一紧,接着是一抖,又一紧,又一抖。好像是,这样还不够,鸡们有时候也是有创意的,有的鸡就飞到房上去,要在房上耙。刘子瑞的女人就不依了,骂了。房顶上能让鸡耙吗?刘子瑞的女人就一遍遍地把鸡从房顶上骂下来,那鸡竟也懂,她在那里一骂,鸡就飞到了墙头上,好像是,懂得害羞了,小冠子那个红,一抖一抖的。但鸡是没有上过学的,不懂得什么是纪律,过一会儿就又飞到了房顶上。刘子瑞的女人就又出去骂,忽然呢,她愣住了,或者,简直是吓了一跳。是谁上了房?从后边,上去了,"呼哧、呼哧"地赶房上的鸡,房上的鸡这下子可给吓坏了,叫着从天而降:咯咯,咯咯,咯咯咯咯。好像是在说:"妈呀,妈呀,妈妈妈妈呀!"是谁?谁上了房,刘子瑞的女人不是用眼,是凭感觉,感觉到房上是谁了。是不是拴柱?刘子瑞的女人问了一声,声音不大,像是怕把谁吓着。房顶上的塑料布被从房后边"哗啦哗啦"扯下去了,答应的声音也跟着到了房后。是不是拴柱?刘子瑞的女人知道是谁了,但她还是又问了一句,声音不大,紧张着,好像是,怕吓着了谁。房上的塑料布子,刘子瑞早就说要扯下去了,要晒晒房皮,但刘子瑞这几天让玉米累得不行,一回来就躺在那儿了。刘子瑞女人绕到房后边去了,心是那样的跳,刘子瑞女人绕到房后去了,好像是,这又是一个梦,房后边怎么会没有人?人呢?她急了。妈你站开。儿子却又在房上说话了,他又上了房,去把压塑料布的一块青砖拿开。妈你站开。儿子又在房上说,塑料布子,从房上"哗啦"一声,落下来了。刘子瑞女人看到儿子了,叉着腿,笑着,在房上站着,穿着牛仔裤,红圆领背心。房顶上有窟窿了。儿子在房上说,弯下了腰,把一只手从那窟窿里伸进去。然后呢,儿子又从房上下来,然后呢,又上去,然后呢,又下来。儿子把一块木板补在了那窟窿上,然后又弄了些泥,把那窟窿抹平了。刘子瑞女人在下边看着房上的儿子,儿子每直一下身,每弯一下身,刘子瑞女人的嘴都要随着一张一合。儿子弄好了房上的窟窿,要从房上下来了,先探下一条腿,踩在了墙上,刘子瑞女人的嘴张开了,儿子站稳了,她的嘴就合上了。儿子又在墙上弯下身子,从墙上又探下一条腿,刘子瑞女人的嘴又张开了。刘子瑞女人站在那里给儿子使劲儿,嘴一张一合一张一合地给儿子使劲。忽然,她想起做饭了。她慌慌地去地里掰了几棒玉米,想了想,又慌慌地弄了一个倭瓜来。倭瓜硬得简直就像是一块石头,这是多么好的倭瓜,但还是给切开了,她一下一下把籽掏尽了,锅里的水也要开了。她把玉米,先放在锅里,倭瓜再放在玉米的上边。锅烧开后,她又去打了一碗鸡蛋。她站在那里想了想,想哪只鸡哪只鸡该杀?鸡都在下蛋,哪只都不该杀。公鸡呢,更不该杀。刘子瑞的女人就出去了,先是去了小场面那边,探探头,那边没有刘子瑞的人影。她站在那里喊了:嘿——她喊了一声还不行,又喊了一声:嘿——她这么一喊呢,刘子瑞就从玉米地里探出头来了,他不知道自己女人喊自己做什么?嘿——刘子瑞也嘿了一声,对他女人说自己在这儿呢,有什么事?这下子,刘子瑞才知道儿子回来了,并且知道自己女人是要让自己到下边去买只鸡来,家里的鸡都下蛋呢。

　　刘子瑞便马上下去了,去了下边的村子,去买鸡,下边村子有不下蛋的鸡,他走得很急,出汗了,脸简直比下蛋鸡的脸还红,这是庄户人的脸,很好看的脸,脸上还汪着汗,在额头上的皱纹里。酒呢,还有两瓶,就不用买了。刘子瑞在心里想,还是儿子上回回来时买的。烟呢,该买一盒儿好一点的,买什么牌子的呢?刘子瑞在心里想。刘子瑞忽然觉得脚下不对劲儿了,下去的路和地里不一样,都是石头,不像地里的细土是那么让人舒服。鞋还在玉米地里呢。刘子瑞想想,还是没回去,就那么光脚去了下边。路边的玉米长得真壮,绿得发黑,一棵挨着一棵,每一棵上都吊着一两穗大得让人吃惊的棒子,真像是好后生,一伙一伙地站在那里炫耀他们的大玉米棒子。过了玉米地,又是一片高粱地,高粱也长得好,穗子头都红了,红扑扑的,好像是姑娘,挤在一起在那里站着,好像是,因为她们看到了玉米地那边的大棒子,害羞了,脸红了。这他妈的真是一个好秋天。

雨水这东西是个怪东西,如果下足了,那简直就是对地里的庄稼的一种怂恿,长吧,长吧,使劲长吧。而且呢,雨水一足,季节也好像是给怂恿得放慢了脚步,没有那么足的雨水,地里的庄稼就会早早地黄了,没信心了,秋天也会跟上来了。

儿子回来了,先是在地里忙了一天,把收下的玉米十字披开搭在树上。然后去了一趟下边,去看了看他的同学。隔一天,又把同学招了上来,来做什么?来给房子上一层泥,这么一来呢,刘子瑞这里就一下子热闹了。和刘拴柱现在是个能干的城里人一样,他的同学现在都是能干的庄稼人。以前还看不出来,现在在一起一干活就看出来了,刘子瑞的儿子干活就有些吃力了。他先是去和泥,先和大葇泥,也就是,把切成寸把长的莜麦秸和到泥里去,莜麦秸先在头天晚上用水泡软了,土也拉回来了,都堆在院子外窄窄的村道上,反正现在也没人在那村道上走来走去。刘子瑞的儿子把莜麦秸先散在土堆上,然后用耙把莜麦秸和土合起来,这是个力气活儿,规矩的做法是用脚去踩,"咕吱咕吱"地把泥和草秸硬是踩在一起。刘子瑞女人烧了水,出去看了一回儿子在那里和泥,出去看了一回还不行,又出去看了一回,好像是不放心。儿子踩泥的时候,她站在那里嘴一动一动地给儿子使劲。她看着儿子踩一回,又用耙子把泥再耙一回,把踩在下边的草秸再耙上来,然后再踩。儿子用耙子耙泥的时候,先是把耙子往泥里用力一抓,身子也就朝前弯过去,往起耙的时候,儿子的肩上的肩胛骨就一下子上去,上去,那是在使力气,肩胛骨快要并到一起的时候,耙子终于把一大团泥草耙了起来。儿子在那里每耙一下,刘子瑞的女人的嘴就要张开一回,泥草耙好一堆,她的嘴也就合上一回。她在那里看了一会儿儿子耙泥,然后又慌慌地回去,去端开水了。拴柱,喝口水。刘子瑞女人对儿子说。儿子呢,却说不喝不喝,现在喝什么水?我给你把水放这儿,你咋不喝点儿水?刘子瑞女人又对儿子说。不喝不喝。儿子又耙好了一堆,直了一下腰,接着又耙。你不喝一会儿又要上火了。刘子瑞女人对儿子说。不喝不喝。儿子还是说。刘子瑞的女人闻到儿子身上的汗味儿了,她对这种汗味儿是太熟悉了,这让她觉得自己又像是回到了从前的日子,这让她有些恍惚,又有些说不出的兴奋。她站在那里又看了一会儿儿子和泥。这时候有人从院子里出来了,说房上要泥呢,拴柱你和好了没？行了行了，拴柱说，连说和好了和好了，我这就来。从院子里出来的人又对刘子瑞女人说，婶子您在这儿站着做什么？待会儿小心弄您一身泥。刘子瑞女人便又慌慌地回到了院里。刘子瑞的院子里，好像是，忽然有了某种欢快的气氛，这种欢快挺让刘子瑞女人激动的。那两个人在房上，是刘子瑞儿子的同学，其中一个会吹笛子，叫刘心亮。小的时候就总是和刘子瑞的儿子一起吹笛子。另一个早早结了婚，叫黄泉瑞，人就好像一下子老了许多，现在呢，好像是因为和过去的同学一起劳动又欢快了起来。刘子瑞的儿子这时拖了泥斗子过来，要在下边当小工，要一下一下把泥搭到房上去，这其实是最累的活儿。刘子瑞的女人站在那里，心痛地看着儿子。她忽然冲进屋去，手和脚都是急慌慌的样子，她去给儿子涮了一条毛巾，儿子却说现在干活儿呢，擦什么擦？儿子把一勺泥，一下子，甩到房顶上去了。给，给，刘子瑞女人要把手巾递给儿子。不擦不擦。儿子说，又把一勺泥，一下子，甩到房顶上去了。要不就喝口水？刘子瑞女人说。不喝不喝。儿子说，声音好像有些不满，又好像是不这样说话就不像是她的儿子。仔细想想，当儿子的都是这种口气，客气是对外人的，客气有时候便是一种距离。刘子瑞女人的心里呢，是欢快的，人好像也一下子年轻了。她又站在那里看了一会儿，然后，绕到后边去，看了一回刘子瑞在后边一点一点补墙洞。然后她合计她的饭去了。她合计好了，要炒一个鸡蛋韭菜，韭菜就在地里，还有一个拌豆腐，还有一样就是烩宽粉。肉昨天已经下去割好了，晚上已经在锅里用八角和花椒炖好了。乡下做菜总是简单，一是没那么多菜，二是为了节省些柴禾。总是先炖肉，肉炖好了，别的菜就好做了，和豆腐在一起再炖就是一个肉炖豆腐，和粉条一起做就又是一个肉烩粉条子，还要有一个山药胡萝卜，也要和肉在一起炖。刘子瑞的女人在心里合计好了，再弄一大锅稀粥，等人们干完活儿就让他们先喝两盅，酒喝得差不多的时候就蒸糕。刘子瑞女人先用大锅熬粥，儿子从小就喜欢喝豆粥，她在锅里下了两种豆子：小红豆和绿豆，想了想，好像觉得这还不够，又加了一些羊眼豆，想了想，又加了些小扁豆。

给房子上泥的活不算是什么大活儿，但吃饭却晚了。好像是，这顿中午饭都快要和晚上饭挨上了。人们上完了第一层大荄泥，要等它干干，到了明天就再上一层小荄泥，等它再干干，然后还要上去再压，把半干的泥压平实了。人们现在都忙，第一天，刘子瑞儿子的那些同学帮着刘子瑞家干了一天。第二天，又上来，又帮着干了一天。晚上吃过饭，刘子瑞儿子的同学就都又下去了。第三天，是拴柱，一个人上了房，在上边仔细地压房皮，先从房顶后边，一点点一点点往前赶。头顶上的太阳真是毒，刘子瑞的女人不知什么时候，又从后边上了房，要给儿子身上披一件单布衫子。不要不要不要。儿子光着膀子说，好像有些怪她从下边上来。我要我不会下去取？谁让您爬梯子？儿子说。过不一会儿，刘子瑞女人又从后边踩梯子上来了。给你水。她给儿子端上来一缸子水。不要不要，我不渴。儿子一下一下地压着房皮。你不喝你小心上火。刘子瑞女人说。我渴我不会下去喝？谁让您爬梯子。儿子说，好像是，不高兴了。刘子瑞女人这边呢，好像是在下边怕看不清楚儿子，所以，她偏要爬那个梯子，下去了，但她马上又扒在了梯子上。这会儿，她就站在梯子上看儿子在那里压房顶。儿子把泥铲探出去，压住，又慢慢使劲拉回来，再把泥铲探出去，再慢慢慢慢使劲拉回来。儿子每一使劲儿，刘子瑞的女人便把嘴张开了，到儿子把泥铲拉回来，松了劲，她也就松了劲，嘴又合上了。你喝点儿水，你不喝水上了火咋办？刘子瑞的女人又对儿子说。您下去吧，下去吧。儿子说。你喝了水我就下。刘子瑞女人说。儿子只好喝了水，然后继续压他的房皮，压过的地方简直就像是上了一道油，亮光光的。刘子瑞的女人就那么在梯子上站着，看儿子，怎么就看不够？

儿子压完了房顶，又去把驴圈补了补。鸡窝呢，也给加了一层泥。儿子说，做完了这些，再把厕所修修，下午就要往回赶了。他这么一说，刘子瑞女人就又急了。急什么？她自己也说不清，其实她昨天晚上就知道儿子今天下午就要回去了。她迈出院子去，跟着儿子，好像是，怕儿子现在就走。儿子呢，昨天和黄泉瑞说好了的，要去他那里先弄一袋子水泥上来，要修修厕所了。家里的厕所不修不行了。儿子说要在走之前把厕所给再修一修。这会儿，儿子下去取水泥了。刘子瑞女人已经把鸡都圈了起来，怕它们上房，怕它们到处刨。儿子去了没有多大工夫就把水泥从下边扛了回来。沙子是早备下的，儿子现在做活儿就是麻利，很快，就把厕所给弄好了，弄了两个台，还抹得光光的。正好可以蹲在上边。儿子说可千万等干了再用，又嘱咐他妈千万要把鸡和狗都拴好了，别把刚刚弄好的水泥弄糟了。儿子又看看天，说最好是别下雨。刘子瑞女人跟在儿子后边就也看看天，也说是最好别下雨。儿子进屋去了，刘子瑞女人也忙跟着进屋。儿子说下午就要走了，再在炕上躺躺吧，城里可没有炕。儿子用手巾把脸擦了擦，又把脚擦了擦，就上了炕。刘子瑞女人知道儿子是累了，儿子上了炕，先是躺在炕头那边，躺了一会儿说是热，又挪了挪，躺到了炕尾。不一会儿，儿子就睡着了，天也是太热，和小时候一样，儿子一睡着就出了一头的汗，人呢，也就躺成个"大"字了。

刘子瑞女人想好了，中午就给儿子吃擀面条，接风的饺子送风的面。她一边揉着面，一边看着儿子。刘子瑞这时候去了地里，说是要让儿子带些玉米去给那些城里人吃，他去掰玉米去了。屋里院外这时又静了下来，鸡和狗都让关在圈里，它们不知道这个世界上出了什么事，怎么会大白天把它们关了起来？它们的意见这会儿可大了，简直是怨气冲天，便在窝里拼命地叫。"咕咕咕咕，咕咕咕咕"叫一气，忽然又停了，好像要听听外边的反应，然后再叫。

坐在那里，慢慢慢慢揉着面，刘子瑞女人忽然伤起心来。什么是梦呢？人活着就像个梦。儿子现在躺在炕上，忽然呢，马上就要走了，那么点儿，那么点儿，当时他是那么点儿，在自己的背上，让他下来多走半步他都不肯，有时候要背他他偏又不让。两个人都在地上走就都费鞋！妈背着你就省下一个人的鞋！刘子瑞女人还记着当年自己对儿子这么说。刘子瑞女人也不知道自己给儿子做过多少双鞋，总是一双比一双大。那个猪槽子呢，刘子瑞女人忽然想起了那个褪猪的大木槽。以前总是她，把儿子按在那个猪槽子里洗澡，左手按着右手洗，右手按着左手洗，按住上边洗下边，按住下边洗上边。以前，她还把儿子搂在一起睡，冬天的晚上，睡着睡着，儿子就会拱到自己的被子里来了。好像是，不知出了什么怪事，儿子怎么就一下子这么大了。刘子瑞女人忽然抹起眼泪来。面揉好了，她用一块湿布子把面团蒙了，让它慢慢饧。然后，她慌慌张张去了东屋，去了东屋，又忘了自己要做什么。站了一下，又去了院子里，儿子穿回来的衣服她都给洗了一过，都干了。她把衣服取了下来，放在鼻子下闻闻，是儿子的味儿。儿子穿回来的那双球鞋，她也已经给洗了一过，放在窗台上，也已经干了。她把鞋放在鼻子下闻了闻，是儿子的味儿。还有那双白袜子，她也洗过了，她把它从晾衣服绳上取了下来，也放在鼻子下，闻了闻，是儿子的味儿。儿子的味道让她有说不出的难过。她把儿子的衣服和袜子闻了又闻。

刘子瑞的儿子是下午两点多走的，吃过了他妈给他擀的面，面是用井水过了一下，这就让人吃着舒服。吃过了饭，刘子瑞女人心里就有点受不住了，她已经，把儿子要带的东西都收拾好了。那么大一个蛇皮袋子，里边几乎全是玉米。刘子瑞要送一送儿子，好像是，习惯了，儿子每次回来他都要送一送，送到下边的站上去。东西都收拾好了，刘子瑞也下了地。刘子瑞女人一下子受不了啦，好像是，这父子两个要扔下她不管了，每逢这种时候，她总是这种心情，想哭，又不敢哭泣。这时候，儿子出去了，她在屋里看着儿子，她的眼睛现在像是中了魔道，只会跟着儿子转来转去，儿子去了院子西南角的厕所，但儿子马上又出来了，然后，就像小时候那样，叉腿站在院子里，脸冲着厕所那边，做什么？在撒尿。原来厕所的水泥还没干呢。儿子像小时候一样把尿撒在院子里了。院子里的地都让鸡给刨松了，又干又松，脚踩上去真舒服。刘子瑞女人在屋里看着儿子叉着腿在院里撒尿。刘子瑞也朝外看着，他心里也酸酸的。等干了再用，现在一用就坏了。儿子撒完了尿，又从外边进来了，说水泥还要干半天，别让鸡刨了。是是是，放出来就刨了，我一辈子不放它们。刘子瑞女人说。该走了该走了，再迟就赶不上车了。儿子又说，故意看着别处。刘子瑞女人心就"怦怦"跳开了。玉米也太多了吧？儿子说，拍拍那一大袋玉米。不多不多，要不，再掰些？刘子瑞说。儿子笑了，说又不是去卖玉米，这么多。不重吧？刘子瑞女人对儿子说。不重不重。儿子说，把那一袋子玉米就势上了肩，这一上，就再不往下放了。那我就走了。儿子说，故意不看他妈，看别处。

刘子瑞女人跟在刘子瑞和儿子的后边，颠着小脚，一直把儿子送到了村子边，后来就站在那里看儿子和自己男人往下走，一点一点变小，天那么热，日头把周围的白石头照得让人睁不开眼。儿子和自己男人一点一点变小的时候，刘子瑞女人就开始哭，眼泪简直是"哗哗哗哗"地流。她一直站着，直到儿子和自己男人的人影儿小到一下子不见了。她再看，就只能看到庄稼，远远近近的庄稼。石头，远远近近的石头。还有，再远处蓝汪汪的山。这一切，原本就是寂寞的，再加上那远远近近蚂蚱的叫声，它们要是不叫还好，它们一叫呢，就显得天地都寂寞而旷远了。

刘子瑞的女人回去了，慢慢慢慢回去了。一进院子，就好像，一个人忽然梦醒了，才明白过来房子是重新抹过一层泥了，那泥还没怎么干，湿湿的好闻。驴圈也抹过了，也还没干，湿湿的好闻。鸡都给关在圈里，院子里静静的，这就让刘子瑞的女人有些不习惯。好像是，自己一下子和自己的家有些生分了。她进了屋，心里好像一下子空落落的。儿子昨天还在炕上躺着，坐着，说着，笑着，还有儿子的同学，这个在这边，那个在那边，现在是什么也没有。儿子一回来，这个家就活了，其实呢，是她这个做妈的心活了。刚才还是，儿子的鞋在炕下，儿子的衣服在绳上搭着，儿子的气味在屋里弥漫着。现在，一下子，什么也没了。刘子瑞的女人又出了院子。好像是，屋子里再也不能待了，不能待了！不能待了！刘子瑞的女人站在了院子里，院子现在静了。昨天，儿子就在房檐下给房上上泥，上累了，还蹲在那块儿地方抽了一支烟。昨天，儿子的同学在这院里走来走去。现在呢，院子里静得不能再静。刘子瑞女人一下子看到了什么？嘴角抽了抽，像是要哭了，她慌慌张张地过去了，靠厕所那边的地上，湿湿的，一小片，但已经翘翘的，是儿子临走时撒的尿。刘子瑞女人在那湿湿翘翘的地方站定了，蹲下了，再后来呢，她把手边的一个盆子拖过来，把那地方牢牢盖住了，又哭起来了。

  第二天呢，原来的生活又好像是一下子变回来了。刘子瑞早上起来又去了地里，弄他的庄稼。刘子瑞女人，起来，先喂驴，然后喂那些鸡。鸡给关了整整一天，都好像疯了，又是抖，又是跳，又是叫。那只公鸡，精力怎么就会那么旺？一个挨一个往母鸡身上跳，那两只脱毛鸡，受宠若惊了，半闭上眼睛，欲仙欲死的样子，接受那公鸡的降临。又好像是给关了一天关好了，红红的鸡皮上顶出了尖尖白白的毛根儿，但还是一样的难看。刘子瑞的女人做完了这一切，便又在那倒扣的盆子边站定了，她弯下身子去，把盆子，慢慢慢慢，掀开了，盆子下边是一个干干的翘起来的泥碗样的东西，是儿子给她留下的。没有人能够听到刘子瑞女人的哭声，因为上边的村子里再没别人了。那些鸡，它们怎么会懂得主人的心事？它们吃惊地看着刘子瑞的女人，蹲在那里，用手掀着盆子，看着被盆子扣住的那块地方，呜呜咽咽……

  隔了半个多月，又下过几场雨，刘子瑞儿子山下的同学黄泉瑞这天忽然上来了。来取泥铲子，说也要把家里的房顶抹一抹，今年好像是到了秋后雨水要多一些。黄泉瑞坐了一会儿，抽了一支烟，然后下去了。走的时候，黄泉瑞站在院子里看看，说这下子收拾得好多了，鸡窝像个鸡窝，驴圈像个驴圈。黄泉瑞还看到了院子里地上扣的那个盆子，他不知道地上扣个盆子做什么？他对刘子瑞女人说拴柱过年回来的时候他一定会再上来，来好好喝几口。他还说：还是拴柱好，现在是城里人了。他还说：城里就是比乡下好，过几年拴柱要把婶子接到城里去住。他还说：回去吧，我一个晚辈还让您送，您看看您都送到村口了，您不能再送了。他还说：过几天，也许，拴柱就又要回来了……

山上是寂寞的，远远近近，蚂蚱在叫着，它们为什么不停地在那里叫？也许，它们是嫌山里太寂寞？但它们不知道，它们这么一叫，人的心里就更寂寞了。

赏读

《上边》发表于《花城》2002年第4期，在第三届"鲁迅文学奖"获奖名单中，《上边》名列短篇小说之首。这项荣誉对于王祥夫而言，是他多年辛勤笔耕的回报，也是当之无愧的。事实上，在此次评奖前，《上边》就在文学界被公认为近年来全国的优秀短篇小说之一，并入选了"2002中国小说排行榜"。

小说《上边》讲述的是一个看上去相当老旧的游子归家故事：一对寂寞的老年农民夫妇等来了他们远在城市的儿子，家很寂寞，村庄很荒凉，儿子的回家唤醒了村庄的活力，也唤醒了"做妈的心"。于是读者看到了深沉而朴实的亲情，看到了家庭、友谊、劳动等古老价值，这些价值近乎完美地得到确证。在现代文明以摧枯拉朽之势消除农耕文明的脉脉温情的今天，这种价值、这种情意足以让人泪流满面。但是，再读一遍，我们却感到一切都未必那么安稳，老夫妇实际上依旧住在废弃的村庄，而儿子终究要回到远方的城市，他能够把"上边"带到"下边"去吗？如果回乡的日子对他来说只是生活的间歇，那么，他在他的日常生活中究竟如何重建那个美好的乡村伦理世界？

小说没有跌宕起伏的情节，也不是宏大叙事，但朴实的乡野里有中国的人伦之根，繁复的细节描写中有母亲对儿子的淳朴而炽热的爱，有儿子对父母的简单而又厚重的爱。当然，温暖中有丝丝伤感：谁来维护这充满寂寞的爱，谁来让这寂寞的上边村热闹起来？刘子瑞的儿子无法回答，作者王祥夫也回答不了，也许根本无须探寻答案。生活其实就是眼前的真实，真实的爱、真实的触摸能够让老年父母获得短暂的快乐，这也足够了。如果温暖寂寞的真实还能够打动千万读者，未来的希望足可以期待。

在经历过秋雨对破旧的到处漏水的老屋侵蚀之后，刘子瑞在太原工作的儿子回来了，这是一个巧合，还是儿子的责任心驱使？回来后，儿子没有装腔作势地展现城里人的气派，而是直接爬上屋顶，扯掉为了防漏水而摊在屋顶的塑料布，然后又利索地把房顶的窟窿补上。在这个过程中，我们注意到了儿子身上的穿着如"牛仔裤""红圆领背心"这些象征城市文明的物件，但孝顺如他、本分如他，依然如一个勤劳的农民自觉自愿地践履着为人子的使命。

儿子孝心感人，可更让人震撼的是作者对母亲的细致刻画：儿子的每一次弯腰、直身，母亲的嘴都要随着一张一合，合张之间，是母亲对儿子的爱和因爱带来的紧张，朴实而热烈，比万千语言更有震撼力。回来的第三天，儿子依然没有只顾着自己呼朋引伴，而是招呼着自己的同学、"发小"来给自家房子上一层泥、修补院子。和泥是个力气活，得用脚大力去踩，然后用耙子耙泥。儿子和几个强壮的伙伴一起干活，母亲原本无须到场，但她依然站在旁边，看着儿子的动作，嘴巴又一次次地张、合，这种近似于条件反射的肌肉动作却明白无误地传递出母亲的深沉的爱和快乐。母亲很兴奋、很欢乐，所以一会儿给儿子端水，一会儿递毛巾，任由儿子的多少次略带不耐烦的拒绝，母亲欢乐如初。再一天，儿子依旧是给家里修葺房子、庭院，依旧忙碌，母亲依旧重复着嘴的一张一合，依旧重复着劝儿子喝水的话，母子对话不多，但就是那么久久地看儿子，甚至闻着儿子的汗味，她都觉得满心欢喜。

这几天，秋天复活了，上边复活了，母亲复活了，一个家复活了！

所有的活儿都干完了，儿子要回城了，母亲伤心了，回想小时候的儿子的种种片段，突然伤感于儿子突然长大。揉完面，帮儿子洗完衣服、鞋子、袜子，不停地闻着儿子的味儿，熟悉的味道让她有说不出的难过。正如孩子长大不可避免一样，离开也一样不可避免，在复活了生机最欢乐的时刻，就是寂寞孤独再次来临的时刻。儿子扛着满满一蛇皮袋玉米离开上边，他还是一个淳朴懂事的农村的孩子。在习惯了几天的欢乐之后，鸡群的闹腾止不住可怜而寂寞的母亲的泪水。

父母亲一如既往地忙碌而寂寞，上边一如既往地颓败而寂寞，谁来维护这淳朴热烈的温情？让人欣慰的是，在儿子回家的这几天中，复活的不仅是母亲的寂寞的爱，还有寂寞的乡情——邻里之间的互帮互助，同学之间的深厚情谊，还有劳动给我们带来的踏实感。作者不是想阻挡城市文明对农村文明的攻城略地，作者想要叩问的是寂寞的乡村如何长久守住那份温情，乡愁如何牵着远在省城的"刘子瑞的儿子"们。

同学们在读这篇短篇小说时，一定要耐心细致去研读作者对人、对物的细腻刻画，得细细揣摩、品味，比如儿子劳动时母亲的嘴一张一合、反复地劝儿子喝水，收拾儿子的衣物时的反复的闻。最让人震撼的还是刘子瑞女人用盆盖住儿子临走前撒下的尿迹那个细节，"刘子瑞女人一下子看到了什么？嘴角抽了抽，像是要哭了……刘子瑞女人在那湿湿翘翘的地方站定了，蹲下了，再后来呢，她把手边的一个盆子拖过来，把那地方牢牢盖住了，又哭起来了。"这是小说的高潮，留住儿子的尿迹这一近似荒唐的行为也是母爱和离别冲突时带来的无尽悲凉。离开不可避免，远方有儿子的理想，母亲理性中的支持和感情中的万般不舍深深地撕痛了内心，正如前面提到的那样，留住气味多闻一闻，以此来抚慰自己的无处释放的母爱。

没有激烈的矛盾冲突，没有波澜起伏的情节，没有悬念更没有伏笔，一切都是那么自然、那么平缓，但平静的生活掩盖的巨大的情感波浪撞击每一个游子，何处才能安放母亲的思念。所幸，小说的尾声写到了儿子同学黄泉瑞来到家里借泥铲子，陪着刘子瑞女人聊天，特别说道："城里就是比乡下好，过几年拴柱要把婶子接到城里去住"，"过几天，也许，拴柱就又要回来了……"这是类似坚守上边的年迈父母的希望！

延伸阅读

1. 王祥夫：《拾掇那些日子》，太原：北岳文艺出版社2016年版。
2. 梁鸿：《中国在梁庄》，北京：台海出版社2016年版。

对　　坐[①]

彭　程

　　两只沙发，一长一短，围着面对着电视机的茶几，摆成一个 L 形。我坐在短沙发上，父母并肩坐在我的对面，准确地说是斜对面的长沙发上，看着茶几前面两米开外处的电视荧屏。电视机里正播放着一部古装剧。

　　伸手可触的距离，他们的面容清晰地收入我的眼帘之中：密密的皱纹，深色的老人斑，越来越浑浊的眼球。他们缓缓地起身，缓缓地坐下，一连串的慢镜头。母亲这两天肺里又有炎症了，呼吸中间或夹带了几声咳嗽。

　　我心里泛起一阵微微的隐痛。近两年来，这种感觉时常会来叩击。眼前这两张苍老松弛的脸庞，当年也曾经是神采奕奕，笑声朗朗。在并不遥远的十多年前，也是思维敏捷，充满活力。而如今，这一切都已然悄悄遁入了记忆的角落。

　　我明白，横亘在今与昔巨大反差之间的，是不知不觉中一点点垒砌起来的时光之墙。

[①]　选自《在母语的屋檐下》（线装书局 2016 年版），有改动。彭程，1963 年生于河北景县。著有《红草莓》《漂泊的屋顶》等作品。

记得多年前，在我四十岁左右的时候，有一天母亲端详着我的鬓角，用一种充满怜惜的口气感叹道：儿啊，你都有白头发了！如今又过了十多年，我也已是人近半百，白发较之当年自然是更呈蔓延之势了，母亲却不再提起。面对时光的劫掠，每个人都无可逃遁，最明智的应对也许就是缄默。但这种劫掠体现在老人身上，显然更为袒露和张扬，更为触目惊心。时光流逝之匆促，想起来，会有一种荒谬之感。不知不觉中，他们都已经年届八旬了。生命是一个缓慢的流程，在成长、旺盛和衰颓之间，他们踏入了最后一个阶段，渐行渐远。举手投足之间的那一份迟缓，无不源自时光累积所形成的重量。

其实，我有充足的理由感谢上苍：父母没有致命的疾病，买菜做饭，洗涮清扫，都还能够自理。每到周末，母亲都要拿出最好的手艺，尽量做得丰盛些，做我们最喜欢吃的饭菜，等候我们过去。一家人围桌而坐，那一种平静而深邃的满足之感，是随着年龄的增加，体验得越来越深了。

前年如此，去年如此，今年也如此，这就很容易给人一种感觉，似乎这种状态可以长久地持续下去。但身边众多的事例也让我清醒地认识到，在他们这样的年龄，什么样的事情都有可能发生。眼前看似颇为圆满的一切，实际上都是脆弱的，随时可能会遭遇某种不测。再次感谢命运的眷顾，那种戏剧性的猝然之灾，没有发生在父母身上。但并不是说，他们能够逃脱伴随老年而至的、那一阵阵叫作衰老和疾病的寒风的袭扰。前年初夏，从住了十年的远郊小镇上搬过来不久，一向体格不错的母亲得了一次急性肺病，平生第一次住了半个月的医院。如今她嗓子里时常会有一些浊重的喘息声，就是那次的后遗症。

再退一步讲，即使有少数人十分幸运，一生身心康健无病无灾，也总要走向那个最后的归宿。在自然规律的寒冽秋风面前，人只是一枚瑟瑟的树叶。金钱，权势，等等，毫无作用，甚至最深的爱，都阻挡不住那个必然会到来的结局，最好的结果，也只是延迟到来而已。生命最深刻的悲剧性，正是体现在这里。

于是，我已经清晰无比地望见了，眼下我所看到的父母的一切言行举止，随着时光的流淌，都将会加上一个"更"字。更缓慢的动作，更迟缓的反应，更少的睡眠，更少的饮食——而这，在未来的日子里，在可以想象出来的诸多情形中，将是最好的情况。

除此之外，你不能祈求更多。

理性和感情是两回事。内心深处早已是波澜不惊，但脑海里却每每执拗地浮现出一个童话画面：忽然有一日时光倒流，枯黄的草重返青葱，坠落的果子飞回树上，老人变回青年，童年正在前面等待。

那样，我就可以重返那一个场景，那是我童年记忆中最清晰的一幕：母亲骑着自行车，要把我送到姥姥家住几天。我坐在前梁上，母亲低下头来对我说着什么有趣的事情，我笑得险些从车上掉下来。当小学教师的母亲，那时候还不到四十岁。时节是春末夏初，阳光明亮温暖，庄稼地一片葱茏，生机勃勃。自行车车轱辘在乡间土路上颠簸的那种感觉，穿越岁月烟云，一次次传递到此刻，鲜活真切。

几年前的一个夜晚，我曾经做过一个这样的梦——

也是这样地与父母坐在一起，不过是在当时他们居住的房间里。客厅逼仄，只容得下一条沙发，他们坐在沙发上，我坐在一只小方凳上，在聊着什么。忽然间，没有任何预兆，他们坐着的沙发连同后面的墙壁，开始缓缓地向后移动，越来越远。我大声呼叫，他们也手忙脚乱地叫喊和招手。但无济于事，移动的速度越来越快，他们的身影越来越小，终于看不到了。眼前是白茫茫一大片，似乎是我的故乡常见的盐碱地。

这时候我醒来了，惊魂不定。

这其中的意味，应该再明确不过了，不需要特别阐释就能读懂。它是关于丧失，关于永远的分离。对于父母来说，对于子女来说，这都是一个必然会到来的日子，我不过是在梦境中做了一次预演。我明白了，这关乎内心中最深最顽固的恐惧，虽然平时自己未必意识到，更有可能是不愿意去面对。在黑夜，在理性的掌控最为脆弱的时候，它释放了出来。

有好几天，这个梦境仿佛一道阴影，笼罩在我的心中。

不久后读到龙应台的散文《目送》，其中有段话带给我一些释然和慰藉："我慢慢地、慢慢地了解到，所谓父女母子一场，只不过意味着，你和他的缘分就是今生今世不断地在目送他的背影渐行渐远。你站立在小路的这一端，看着他逐渐消失在小路转弯的地方，而且，他用背影默默告诉你：不必追。"

从这段话中获得的启示是明确的。既然分离必将到来，与其感叹这个铁一样无法改变的结局，不如在将来的"无"将一切淹没之前，努力抓住现在的这个"有"，珍爱它佑护它，把它的意义和滋味，品咂到充分。对于生命的有限性而言，"来日无多"永远是正确的，即便侥幸得享期颐之寿。因此，对于挚爱的亲人，任何时候，每一次相聚的时辰，都是弥足珍贵。多少人就因为抱着来日方长的错觉，该珍惜的时候不曾珍惜，过后追悔莫及。

那么，我不是要好好地想一想，在今后的时日中，哪些是需要认真去做的。应该尽量多过来陪伴他们坐坐，不要以所谓工作紧张事业重要云云，来为自己的疏懒开脱。和挚爱亲情相比，大多数事物未必真的是那么神圣庄严。当他们唠叨那些陈年旧事时，虽然已经听过多少次了，也要再耐心一些，那里面有他们为自己衰老的生命提供热量的火焰。他们大半辈子生活在几百公里外的故乡小城，故乡的人和事是永远的谈资，他们肯定会有回去看看的想法，只是怕影响我的工作，从来没有明确地提起。我应该考虑，趁着某个长假日，开车送他们回去住上几天，感受乡情的滋润和慰藉。

我要好好地想一想。

回到眼下。让我将眼中的这一幕场景，深深烙刻在我灵魂的版图上：

出于一辈子养成的节俭习惯，他们看电视时只开着沙发边小茶几上的台灯。从灯罩上方的圆孔中放射出的灯光，在天花板上扩散开来，晕染成为一个大了好多倍的圆圈。电视机荧屏上变动的光影，把他们的脸映照得忽明忽暗。后腰和沙发之间，塞上了一只棉靠垫，以支撑住他们日渐衰疲的躯体。父亲起身，慢慢地走到厨房里，倒一杯水，慢慢走回来坐下，小口啜饮着，嫌烫，又放回茶几上。母亲摸索着剥开一颗花生，还没有送到嘴里，目光变得迷离了，眼睛慢慢阖上了，喉咙发出了一声轻微的鼾声，但马上又醒过来了。

多么盼望，这一幕能永远驻留，天长地久。这当然不可能。那么，就默默祈盼，让它注定会变作记忆的那个时间，来得越晚越好。

我已经认识到，而且随着时光流逝，将会越来越强烈地认识到：这，就是幸福。

赏读

人到底是在什么时候认识到自己的衰老？一次运动，一次熬夜，一次患病……然而，衰老从不会在片刻间发生，直至我们惊愕地发现它的踪迹。它垄断了我们所有人的生命，包括我们的至亲。相比自己，我们似乎对亲人的衰老更为迟钝——"君不见，高堂明镜悲白发，朝如青丝暮成雪。"恍然惊觉之际，唯有哀叹"只是当时已惘然"。

惘然又岂止当时？如同文中的"我"，如果不是母亲提起"我"鬓角的白发，恐怕依然会在亲人彼此心照不宣的"缄默"中回避衰老的发生。这种"时光的劫掠"荒谬却又实在。我们似乎与身边的亲人都拥有相同的生命刻度，一天二十四小时一千四百四十分钟，周而复始。但劫掠过后，他们的步履却更加沉重了。"眼下我所看到的父母的一切言行举止，随着时光的流淌，都将会加上一个'更'字。更缓慢的动作，更迟缓的反应，更少的睡眠，更少的饮食……"其实，我们所习惯的一视同仁、分毫不爽的时间铁律，在个体的尺度内原非一成不变。我们总以为时间在匀速前行，但生命尽头就像一个巨大黑洞，当我们愈向它靠近，就愈被加速度向前推进。仿佛生命一旦划过某个节点，就落入哀乐中年、萧瑟暮境。有关时间的真相太残酷，也就无怪乎亲人间选择以"缄默"作为"最明智的应对"了。

时间之刃的残酷恰恰在于：你永远无法逾越时间的壁垒。当我们与亲人被时光拉开距离渐行渐远，你除了异想天开希望时光停驻甚至倒流，其余一概无能为力。犹如电影《星际穿越》中那位置身五维空间的父亲，人事种种，历历在目，却又可望而不可即。类似浩叹古人也曾感慨过："君生我未生，我生君已老。君恨我生迟，我恨君生早。"又云："树欲静而风不止，子欲养而亲不待。"可谓道尽了人间憾事。是啊，时光绵长，生也有涯，唯爱与美不可辜负。"既然分离必将到来，与其感叹这个铁一样无法改变的结局，不如在将来的'无'将一切淹没之前，努力抓住现在的这个'有'，珍爱它佑护它，把它的意义和滋味，品咂到充分。"

不得不佩服作者的睿智与细腻。当作者温情脉脉地描摹最后那一幕"烙刻在灵魂的版图上"的场景时，我们能感受到一种"琐碎美学"在其中发生。确实，不论是光影还是鼾声，每一个细节都不容错过，每一个细节都足够动人。时间能够轻易地将年华带走，但它总会留下珍贵的经历与回忆。正是有了这些"琐碎细节",经历与回忆才具有质感,才能最终还原为一份完整的幸福。叶芝写:"当你老了,眼眉低垂,灯火昏黄不定。风吹过来,你的消息,这就是我心里的歌。"在心灵世界,爱与美大概就是超越时间的维度吧!

延伸阅读

1. 彭程:《第七只眼睛》,广州:广东人民出版社2017年版。
2. 野夫:《乡关何处》,北京:北京十月文艺出版社2016年版。

献给母亲的方尖碑[①]

舒 婷

她随着落潮去了
夜色将尽，星月熹微
正当我疲倦地
　　在她的枕边睡着
梦见乌桕树，逆光的潮水
笑影儿在她的唇边
　　时抿时飞

她随着落潮去了，我的妈妈
黑暗聚拢在她周围
而我睡着了，风
悄悄进来

---

① 选自《舒婷诗精编》（长江文艺出版社 2014 年版），有改动。舒婷，原名龚佩瑜，1952 年生于福建石码镇。著有《致橡树》《祖国啊，我亲爱的祖国》等作品。

在她的病床上
撒满凋谢的红玫瑰

她随着落潮去了
却不能同潮水一起回归
让环绕着她的往事漂流无依
让寻觅她的声音终日含着泪水
她照料过的香橙树已经长大
为纪念她的果实
　　又能交给谁

她随着落潮去了，我的妈妈
现在我是多么后悔
凭青春和爱情的力量
能不能在黎明时把她夺回
让我在人心靠近源泉的地方
为母亲们
立一块朴素的方尖碑

1981年8月

赏读

舒婷擅长于自我情感律动的内省，在把握复杂细致的情感体验方面表现出女性独有的敏感。只语片言，灵光闪动；含意丰盈，余音绕梁。她的诗歌极具浪漫主义和理想主义的色彩，对祖国、对人生、对爱情、对土地的爱，在温馨平和的言辞底下涌动着激情。她的诗擅长运用比喻、象征、联想等艺术手法表达内心感受，在朦胧的氛围中流露出理性的思考，朦胧而不晦涩。舒婷又能在一些常常被人们漠视的常规现象中发现尖锐深刻的诗化哲理（《神女峰》《惠安女子》），并把这种发现写得既富有思辨力量,又摇人心旌。

1973年舒婷的母亲因病去世,舒婷写下许多怀念母亲的诗,《献给母亲的方尖碑》是其中一首,写于1975年。舒婷说:"1975年8月的那个盛夏,我在鼓浪屿47号的闺房里,晾晒整理衣物。拽出妈妈留下的红丝巾。心疼的看到它有些褪色了。把鼻子埋进去闻了闻,只剩下樟脑木箱的霸道气味。怅怅然回到书桌前,我断断续续写下《献给母亲的方尖碑》。"

诗人在她的闺房里,一定听到了潮水的声音。她梦见了妈妈,妈妈生动如昨,"笑影儿""时抿时飞",可诗人意识到疾病夺走了妈妈,"红玫瑰"象征妈妈本该绚丽的生命,也是妈妈给女儿的深爱,但都已经凋谢。"她随着落潮去了/却不能同潮水一起回归",这一句把人的心掏空了。既然妈妈随落潮去了,该随落潮归来啊,可是不会了,妈妈一去不返,她消失在大海的尽头,渺远不知边际。今生,这个世界再也见不到她了,这个世界还是真实的吗?"让环绕着她的往事漂流无依/让寻觅她的声音终日含着泪水",茫然无着,痛何如哉!历数往事,与妈妈共享,该有多么幸福,然而已经不能,往事只存在记忆中,或许还会剩三件、两件、一件,它也随时间的流水远去,任你苦苦地寻觅。那寻觅的声音含着泪水,不就是潮水日夜的呼唤吗?不就是儿女哭泣的泪水卷涌的吗?诗人把一个比喻用尽,掘出"潮水"所有特点,去了,再回,漂流,终日,又似又不似。这似与不似,都是痛,是更深切的无奈和失落。

在第四节诗里,诗人捡出"香橙"这个意象,这是妈妈辛勤劳作而得的果实,这果实又何止是香橙呢?诗人后悔,后悔什么?诗中没有直接回答,而是在后面两句诗里告诉读者她是怎样的"多么后悔"。"凭青春和爱情的力量/能不能在黎明时把她夺回","青春和爱情"在人生中最美好也最可宝贵,竭尽两者的力量,是人能做出的最大的努力,然而在自然规律面前人又怎能奈之何呢?诗人"能不能"的疑问充满痛楚和辛酸。把妈妈"夺"回,是一个女儿的一场战争。诗人在另一首诗《呵,母亲》中同样表达了这种愿望:"呵,母亲,为了留住你渐渐隐去的身影,虽然晨曦已把梦剪成烟缕,我还是久久不敢睁开眼睛。"天命所在,注定我们所有的人终究是失败者,但我们还可以做一件事情,诗人写道:"让我在人心靠近源泉的地方/为母亲们/立一块朴素的方尖碑。"是的,母亲们。谢谢舒婷,你说出了所有儿女的心思。

"方尖碑"是一个外国典故,它是古埃及崇拜太阳的纪念碑,诗人借用是为表达对天下所有母亲的崇敬之情。方尖碑一般用整块花岗岩制成，外形呈尖顶方柱状，由下而上逐渐缩小，顶端形似金字塔尖，塔尖常以金、铜或金银合金包裹，当旭日东升照至碑尖时，它如同太阳一样发出耀眼的光芒。太阳于人类，只有奉献，全部的奉献，没有任何的保留。母亲就是太阳，于儿女，只有爱，全部的爱，即使把自己燃烧殆尽。黎明到来之前，我们也许无法夺回母亲，但有了这一块方尖碑，儿女们依然还能感受到融融的暖意。这个结尾，让人在惆怅中获得一方慰藉。

延伸阅读

1. 舒婷：《舒婷诗精编》，武汉：长江文艺出版社2014年版。
2. 上海辞书出版社文学鉴赏辞典编纂中心：《新诗鉴赏辞典》，上海：上海辞书出版社2017年版。

女儿心（节选）[①]

许地山

一

　　武昌竖起革命底[②]旗帜已经一个多月了。在广州城里底驻防旗人个个都心惊胆战，因为杀满洲人底谣言到处都可以听得见。这年底夏天，一个正要到任底将军又在离码头不远底地方被革命党炸死，所以在这满伏着革命党底城市，更显得人心惶惶。报章上传来底消息都是民军胜利"反正"底省份一天多过一天。本城底官僚多半预备挂冠归田。有些还能很骄傲地说，"腰间三尺带是我殉国之具"。商人也在观望着，把财产都保了险或移到安全的地方——香港或澳门。听说一两日间民军便要进城，住在城里底旗人便吓得手足无措。他们真怕汉人屠杀他们。

　　在那些不幸的旗人中，有一个人，每天为他自己思维，却

[①] 选自《许地山作品》（时代文艺出版社 2004 年版），有改动。许地山（1894—1941），广东揭阳人。著有《缀网劳蛛》《空山灵雨》等作品。

[②] 本篇中的"底"相当于助词"的"。

想不出一个避免目前的大难底方法。他本是北京一个世袭一等轻车都尉，隶属正红旗下，同时也曾中过举人，这时在镇粤将军衙门里办文书。他底身材很雄伟，若不是颔下底大髯胡把他底年纪显出来，谁也看不出他是五十多岁底人。那时已近黄昏，堂上底灯还没点着，太太旁边坐着三个从十一岁到十五六岁底子女。彼此都现出很不安的状态。他也坐在一边，捋着胡子，沉静地看着他底家人。

"老爷，革命党一来，我们要往那里逃呢？"太太破了沉寂，很诚恳问她底老爷。

"哼，望那里逃？"他摇头说，"不逃，不逃，不能逃。逃出去无异自己去找死。我每年底俸银二百多两，合起衙门里底津贴和其它的入款也不过五六百两，除掉这所房子以外也就没有什么余款。这样省省地过日子还可以支持过去，若一逃走，纵然革命党认不出我们是旗人，侥幸可以免死，但有多少钱能够支持咱家这几口人呢？"

"这倒不必老爷挂虑，这二十几年来我私积下三万多块，我想咱们不如到海边去买几亩地，就作了乡下人也强过在这里担心。"

"太太底话真是所谓妇人女子之见。若是那么容易到乡下去落户，那就不用发愁了。你想我底身分能够撇开皇上不顾吗？做奴才得为主子，做人臣得为君上。他们汉官可以革命，咱们可就不能。革命党要来，在我们底地位就得同他们开火；若不能打，也不能弃职而逃。"

"那么老爷忠心为国一定是不逃了。万一革命党人马上杀到这里来，我们要怎办呢？"

"大丈夫可杀不可辱，我们自然不能受他们底凌辱。等时候到来，再相机行事罢。"他看着他三个孩子，不觉黯然叹了一声。

太太也叹一声，说："我也是为这班小的发愁啊。他们都没成人，万一咱们两口子尽了节，他们……"她说不出来了，只不歇地用手帕去擦眼睛。

他问三个孩子说："你们想怎么办呢？"一双闪烁的眼睛注视着他们。

两个大孩子都回答说："跟爹妈一块儿死罢。"那十一岁底女儿麟趾好像不懂他们商量底都是什么，一声也不响，托着腮只顾想她自己底。

"姑娘，怎么今儿不响啦？你往常的话儿是最多的。"她父亲这样问她。

她哭起来了，可是一句话也没有。

太太说："她小小年纪，懂得什么，别问她啦。"她叫，"姑娘到我跟前来罢。"趾儿抽噎着走到跟前,依着母亲底膝下。母亲为她捋捋鬓额,给她擦掉眼泪。

他捋着胡子,像理会孩子底哭已经告诉了她底意思;不由得得意地说:"我说小姑娘是很聪明的,她有她底主意。"随即站起来说:"我先到将军衙门去,看看下午有什么消息,一会儿就回来。"他整一整衣服,就出门去了。

风声越来越紧,到城里竖起革命旗底那天,果然秩序大乱,逃底逃,躲底躲,抢底抢,该死底死。那位腰间带着三尺殉国之具底大吏也把行李收束得紧紧地,领着家小回到本乡去了。街上"杀尽满洲人"底声,也摸不清是真的,还是市民高兴起来一时发出这得意的话。这里一家把大门严严地关起来,不管外头闹得多么凶,只安静地在堂上排起香案,两夫妇在正午时分穿起朝服向北叩了头,表告了满洲诸帝之灵,才退入内堂,把公服换下来。他想着他不能领兵出去和革命军对仗,已经辜负朝廷豢养之恩,所以把他底官爵职位自己贬了,要用世奴资格报效这最后一次的忠诚。他斟了一杯醇酒递给太太说:"太太请喝这一杯罢。"他自己也喝。两个男孩也喝了,趾儿只喝了一点。在前两天,太太把佣仆都打发回家,所以屋里没有不相干的人。

两小时就在这醇酒底应酬中度过去。他并没醉,太太和三个孩子已躺在床上睡着了。他出了房门,到书房去,从墙上取下一把宝剑,捧到香案前,叩了头,再回到屋里,先把太太杀死,再杀两个孩子。一连杀了三个人,满屋里底血腥酒味把他刺激得像疯人一样。看见他养底一只狗正在门边伏着,便顺手也给它一剑。跑到厨房去把一只猫和几只鸡也杀了。他挥剑砍猫底时候,无意中把在灶边灶君龛外那盏点着底神灯麾到劈柴堆上去,但他一点也不理会。正出了厨房门口,马圈里底马嘶了一声,他于是又赶过去照马头一砍。马不晓得这是它尽节底时候,连踢带跳,用尽力量来躲他底剑。他一手揪住络头底绳子,一手尽管望马头上乱砍,至终把它砍倒。

回到上房,他底神气已经昏迷了,扶着剑,瞪眼看着地上底血迹。他发现麟趾不在屋里,刚才并没杀她,于是提起剑来,满屋里找。他怕她藏起来,但在屋里无论怎样找,看看床底,开开柜门,都找不着。院里有一口井,井边正留着一只麟趾底鞋。这个引他到井边来。他扶着井栏,探头望下去。从他两肩透下去底光线,使他觉得井底有衣服浮现底影儿,其实也看不清楚。他对着井底说:"好小姑娘,你到底是个聪明孩子,有主意!"他从地上把那只鞋捡起来,也扔在井里。

他自己问："都完了，还有谁呢？"他忽然想起在衙门里还有一匹马，它也得尽节。于是忙把宝剑提起，开了后园底门，一直望着衙门底马圈里去。从后园门出去是一条偏僻的小街，常时并没有什么人往来，那小街口有一座常关着大门底佛寺。他走过去时，恰巧老和尚从街上回来，站在寺门外等开门，一见他满身血迹，右手提剑，左手上还在滴血，便抢前几步拦住他说："太爷，您怎么啦？"他见有人拦住，眼睛也看不清，举起剑来照着和尚头便要砍下去。老和尚眼快，早已闪了身子，等他砍了空，再夺他底剑。他已没气力了，看着老和尚一言不发。门开了，老和尚先扶他进去，把剑靠韦陀香案边放着，然后再扶他到自己屋里，给他解衣服；又忙着把他自己底大衲给他披上，并且为他裹手上底伤。他渐次清醒过来，觉得左手非常地痛，才记起方才砍马底时候，把自己底手碰着刃口。他把老和尚给他裹底布条解开看时，才发现了两个指头已经没了，这一个感觉更使他格外痛楚。屠人虽然每日屠猪杀羊，但是一见自己底血，心也会软，不说他乘着一时的义气演出这出惨剧，自然是受不了。痛是本能上保护生命底警告，去了指头底痛楚已经使他难堪，何况自杀。但他底意志，还是很刚强，非自杀不可。老和尚与他本来很有交情，这次用很多话来劝慰他，说城里并没有屠杀旗人底事情，偶然街上有人这样嚷，也不过是无意识的话罢了。他听着和尚底劝解，心情渐渐又活过来。正在相对着没有话说底时候，外边嚷着起火，哨声、锣声，一齐送到他们耳边。老和尚说："您请躺下歇歇罢，待老衲出去看看。"

他开了寺门，只见东头乌太爷底房子着了火。他不声张，把乌老爷扶到床上躺下，看他渐次昏睡过去，然后把寺门反扣着。走到乌家门前，只见一簇人丁赶着在那里拆房子。水龙虽有一架，又不够用。幸而过了半小时，很多人合力已把那几间房子拆下来，火才熄了。

和尚回来，见乌太爷还是紧紧地扎着他底手，歪着身子，在那里睡，没惊动他。他把方才放在韦陀龛那把剑收起来，才到禅房打坐去。

二

在辛亥革命底时候，像这样全家为那权贵政府所拥戴底孺子死节底实在不多。当时麟趾底年纪还小，无论什么都怕，死自然是最可怕的一件事。他父亲要把全家杀死底那一天，她并没喝多少，但也得装睡。她早就想定了一个逃死底方法，总没机会去试。父亲看见一家人都醉倒了，到外边书房去取剑底时候，她便急忙地爬起来，跑出院子。因为跑得快，恰巧把一只鞋子跻掉了。她赶快退回几步，要再穿上，不提防把鞋子一踢就撞到那井栏旁边。她顾不得去捡鞋，从院子直跑到后园。后园有一棵她常爬上去玩底大榕树，但是家里底人都不晓得她会上树。上榕树本来很容易，她家那棵，尤其容易上去。她到树下，急急把身子耸上去，蹲在那分出四五杈底树干上。平时她蹲在上头，底下底人无论从哪一方面都看不见。那时她只顾躲死，并没计较往后怎样过。蹲在那里有一刻钟左右，忽然听见父亲叫她，他自然不晓得麟趾在树上。她也不答应，越发蹲伏着，容那浓绿的密叶把她掩藏起来。不久她又听见父亲底脚步像开了后门出去底样子。她正在想着，忽然从厨房起了火。厨房离那榕树很远，所以人们在那里拆房子救火底时候，她也没下来。天已经黑了，那晚上正是十五，月很明亮，在树上蹲了几点钟，倒也不理会。可是树上不晓得歇着什么鸟，不久就叫一声，把她全身底毛发都吓竖了。身体本来有点冷，加上夜风带那种可怕的鸟声送到她耳边，就不由得直打抖擞。她不能再藏在树上，决意下来看看。然而怎么也起不来，从腿以下，简直麻痹得像长在树上一样。好容易慢慢地把腿伸直了，一面抖擞着下了树，摸到园门。原来她底卧房就靠近园门。那一下午底火，只烧了厨房，她母亲底卧房，大厅和书房，至于前头底轿厅和后面她的卧房连着下房都还照旧。她从园门闪入她底卧房，正要上床睡觉底时候，忽然听见有人说话底声音，心疑是鬼，赶紧把房门关起来。从窗户看见两个人拿着牛眼灯由轿厅那边到她这里来，心里越发害怕，好在屋里没灯，趁着外头底灯光还没有射进来，她便蹲在门后。那两人一面说着，出了园门，她才放心。原来他们是那条街底更夫，因为她家没人，街坊叫他们来守夜。他们到后园，大概是去看看后园通小街那道门关没关罢。不一会他们进来，又把园门关上。听他们底脚音，知道旁边那间下房，他们也进去看过。正想爬到床后去，他们已来推她底门，于是不敢动弹，还是蹲在门后。门推不开，他们从窗户用灯照了一下。她在门后听见其中一个人说："这间是锁着底，里头倒没有什么。"他们并不一定要进她底房间，那时她真像遇了赦一般，不晓得为什么原故，当时只不愿意他们知道她在里头。等他们走远了，才起来，坐在小椅上，也不敢上床睡，只想着天明时待怎办。她决定要离开她底家，因为全家底人都死了，若还住在家里，有谁来养活她呢？虽然仿佛听见她父亲开了后园门出去，但以后他回来没有，她又不理会。她想他一定是自杀了。前天晚上，当她父亲问过她底话上了衙门以后，她私下问过母亲："若是大家都死了，将来要在什么地方相见呢？"她母亲叹了一口气说："孩子，若都是好人，我们就会在神仙底地方相见，我们都要成仙哪。"常听见她母亲说城外有个什么山，山名她可忘记了，那里常有神仙出来度人。她想着不如去找神仙罢，找到神仙就能与她一家人相见了。她想着要去找神仙底事，使她心胆立时健壮起来，自己一人在黑屋里也不害怕，但盼着天快亮，她好进行。

　　鸡已啼过好几次，星星也次第地隐没了。初醒的云渐渐现出灰白色，一片一片像鱼鳞摆在天上。于是她轻轻地开了房门，出到院子来。她想：就这样走吗？不，最少也得带一两件衣服。于是回到屋里打开箱子拿出几件衣服和梳篦等物，包成一个小包，再出房门。藏钱底地方她本知道，本要去拿些带在身边，只因那里底房顶已经拆掉了，冒着险进去，虽然没有妨碍，不过那两人还在轿厅睡着，万一醒来，又免不了有麻烦，再者，设使遇见神仙，也用不着钱。她本要到火场里去，又怕看见父母和二位哥哥底尸体，只远远地望着，作为拜别底意思。她底眼泪直流，又不敢放声哭；回过身去，轻轻开了园门，再反扣着。经过马圈，她看见那马躺在槽边，槽里和地上底血已经凝结，颜色也变了。她站在圈外，不住地掉泪。因为她很喜欢它，每常骑它到箭道去玩。那时天已大亮了，正在低着头看那死马底时候，眼光忽然触到一样东西，使她心伤和胆战起来。进前两步从马槽下捡起她父亲底一节小指头。她认得是父亲左手底小指头。因为他只留这个小指底指甲，有一寸多长，她每喜欢摸着它玩。当时她也不顾什么，赶紧取出一条手帕，紧紧把她父亲底小指头裹起来，揣在怀里。她开了后园底街门，也一样地反扣着。夹着小包袱，出了小街，便急急地向北门大街放步。幸亏一路上没人注意她，故得优游地出了城。

　　旧历十月半底郊外，虽不像夏天那么青翠，然而野草园蔬还是一样地绿。她在小路上，不晓得已经走了多远，只觉身体疲乏，不得已暂坐在路边一棵榕树根上小歇，坐定了才记得她自昨天午后到歇在道旁那时候一点东西也没入口！眼前固然没有东西可以买来充饥，纵然有，她也没钱。她隐约听见泉水激流底声音，就顺着找去，果然发现了一条小溪，那时一看见水，心里不晓得有多么快活，她就到水边一掬掬地喝。没东西吃，喝水好像也可以饱，她居然把疲乏减少了好些。于是夹着包袱又望前跑。她慢慢地走，用尽了诚意要会神仙，但看见路上底人，并没有一个像神仙。心里非常纳闷，因为走底路虽不多，太阳却渐渐地西斜了。前面露出几间茅屋，她虽然没曾向人求乞过，可知道一定可以问人要一点东西吃，或打听所要去底山在哪里。随着路径拐了一个弯，就看见一个老头子在她前面走。看他穿着一件很宽的长袍，扶着一支黄褐色底拐杖，须发都白了，心里暗想："这位莫不就是神仙么？"于是抢前几步，恭恭敬敬地问："老伯父，请告诉我那座有神仙底山在什么地方？"他好像没听见她问底是什么话。她问了几遍，他总没回答，只问："你是迷了道底罢？"麟趾摇摇头。他问："不是迷道，这么晚，一个小姑娘夹着包袱，在这样的道上走，莫不是私逃底小丫头？"她又摇摇头。她看他打扮得像学塾里底老师一样，心里想着他也许是个先生。于是从地下捡起一块有棱的石头，就路边一棵树干上画了"我欲求仙去"几个字。他从胸前底绿鲨皮眼镜匣里取出一副直径约有一寸五分底水晶镜子架在鼻上。看她所写底，便笑着对她说："哦，原来是求仙底！你大概因为写底是'王子去求仙，丹成上九天'底仿格，想着古人有这回事，所以也要仿效仿效。但现在天已渐渐晚了，不如先到我家歇歇，再往前走吧。"她本想不跟他去，只因问他底话也不能得着满意底指示，加以肚子实饿了，身体也乏了，若不答应，前路茫茫，也不是个去处，就点头依了他，跟着他走。

走不远，渡过一道小桥，来到茅舍底篱边。初冬底篱笆上边还挂些未残的豆花。晚烟好像一匹无尽长的白练，从远地穿林织树一直来到篱笆与茅屋底顶巅。老头子也不叫门，只伸手到篱门里把闩拔开了。一只戴着金铃底小黄狗抢出来，吠了一两声，又到她跟前来闻她。她退后两步，老头子把它轰开，然后携着她进门。屋边一架瓜棚，黄萎的南瓜藤，还凌乱地在上头绕着。鸡已经站在棚上预备安息了。这些都是她没见过底，心里想大概这就是仙家罢。刚踏上小台阶，便有一个二十多岁底姑娘出来迎着，她用手作势好像问，这位小姑娘是谁呀！他笑着回答说："她是求仙迷了路途底。"回过头来把她介绍给她，说："这是我底孙女，名叫宜姑。"

他们三个人进了茅屋，各自坐下。屋里边有一张红漆小书桌，老头子把他底孙女叫到身边，教她细细问麟趾底来历。她不敢把所有的真情说出来，恐怕他们一知道她是旗人或者就于她不利。她只说："我底父母和哥哥前两天都相继过去了。剩下我一个人，没人收养，所以要求仙去。"她把那令人伤心底事情瞒着。孙女把她底话用他们彼此通晓底方法表示给老头子知道。老头子觉得她很可怜，对她说，他活了那样大年纪也没有见过神仙，求也不一定求得着，不如暂时住下，再定夺前程。他们知道她一天没吃饭，宜姑就赶紧下厨房，给她预备吃底。晚饭端出来，虽然是红薯粥和些小酱菜，她可吃得津津有味。回想起来，就是不饿，也觉得甘美，饭后，宜姑领她到卧房去。一夜底话把她底意思说转了一大半。

三

麟趾住在这不知姓名底老头子底家已经好几个月了。老人曾把附近那座白云山底故事告诉过她。她只想着去看安期生升仙底故迹，心里也带着一个遇仙底希望。正值村外木棉盛开底时候，十丈高树，枝枝着花，在黄昏时候看来直像一座万盏灯台，灿烂无比。闽粤底树花再没有比木棉更壮丽的。太阳刚升到与绿禾一样高底天涯，麟趾和宜姑同在树下捡落花来做玩物，谈话之间，忽然动了游白云山底念头。从那村到白云山也不过是几里路，所以她们没有告诉老头子，到厨房里吃了些东西，还带了些薯干，便到山里玩去。天还很早，榕树上底白鹭飞去打早食还没归巢，黄鹂却已唱过好几段婉转的曲儿，在田间和林间底人们也唱起歌了。到处所听底不是山歌，便是秧歌。她们两个有时为追粉蝶，误入那篱上缠着野蔷薇底人家；有时为捉小鱼涉入小溪，溅湿了衣袖。一路上嘻嘻嚷嚷，已经来到山里。微风吹拂山径旁底古松，发出那微妙的细响。着在枝上底多半是嫩绿的松球，衬着山坡上底小草花，和正长着底薇蕨，真是绮丽无匹。

她们坐在石上休息，宜姑忽问："你真信有神仙么？"

麟趾手里撩着一枝野花，漫应说："我怎么不信！我母亲曾告诉我有神仙，她底话我都信。"

"我可没见过，我祖父老说没有，他所说底话，我都信。他既说没有，那定是没有了。"

"我母亲说有，那定是有，怕你祖父没见过罢。我母亲说，好人都会成仙，并且可以和亲人相见哪。仙人还会下到凡间救度他底亲人，你听过这话么？"

"我没听见过。"

说着她们又起行，游过了郑仙岩，又到菖蒲涧去，在山泉流处歇了脚。下游底石上，那不知名底山禽在那里洗午澡，从乱云堆积处，露出来底阳光指示她们快到未时了。麟趾一意要看看神仙是什么样子，她还有登摩星岭底勇气。她们走过几个山头，不觉把路途迷乱了。越走越不是路，她们巴不得立刻下山，寻着原路回到村里。

出山底路被她们找着了，可不是原来的路径。夕阳当前，天涯底白云已渐渐地变成红霞。正在低头走着，前面来了十几个背枪底大人物。宜姑心里高兴，等他们走近跟前，便问其中底人燕塘的大路在哪一边。那班人听说她们所问底话，知道是两只迷途底羊羔，便说他们也要到燕塘去。宜姑底村落正离燕塘不远，所以跟着他们走。

原来她们以为那班强盗是神仙底使者，安心随着他们走。走了许久，二人被领到一个破窑里。那里有一个人看守着她们，那班人又匆忙地走了。麟趾被日间游山所受底快活迷住，没想到也没经历过在那山明水秀底仙乡，会遇见这班混世魔王。到被囚起来底时候，才理会她前途底危险。她同宜姑苦口求那人怜恤她们，放她们走。但那人说，若放了她们，他底命也就没了。宜姑虽然大些，但到那时，也恐吓得说不出话来。麟趾到底是个聪明而肯牺牲底孩子，她对那人说："我家祖父年纪大了，必得有人伺候他，若把我们两人都留在这里，恐怕他也活不成，求你把大姊放回去吧。我宁愿在这里跟着你们。"那人毫无恻隐之心，任她们怎样哀求，终不发一言，到他觉得麻烦底时候，还喝她们说："不要瞎吵！"

丑时已经过去，破窑里底油灯虽还闪着豆大的火花，但是灯心头已结着很大的灯花，不时迸出火星和发出哔剥底响，油盏里底油快要完了。过些时候，就听见人马底声音越来越近。那人说："他们回来了。"他在窑门边把着，不一会，大队强盗进来，卸了赃物，还房来三个十几岁底女学生。

在破窑里住了几天，那些贼人，要她们各人写信回家拿钱来赎，各人都一一照办了。最后问到麟趾和宜姑，麟趾看那人底容貌很像她大哥，但好几次问他叫他，他都不大理会，只对着她冷笑。虽然如此，她仍是信他是大哥，不过，仙人不轻易和凡人认亲罢了。她还想着，他们把她带到那里也许是为教她们也成仙。宜姑比较懂事，说她们是孤女，只有一个耳聋的老祖父，求他们放她们两人回去。他们不肯，说："只有白拿，不能白放。"他们把赃物检点一下，头目教两个伙计把那几个女学生底家书送到邮局去，便领着大队同几个女子趁着天还未亮，出了破窑，向着山中底小径前进。不晓得走了多少路程，又来到一个寨。群贼把那五个女子安置在一间小屋里。过了几天，那三个女学生都被带走，也许是她们底家人花了钱，也许是被移到别处去。他们也去打听过宜姑和麟趾底家境,知道那聋老头花不起钱来赎,便计议把她们卖掉。

宜姑和麟趾在荒寨里为他们服务,他们都很喜欢。在不知不觉中又过几个星期。一天下午他们都喜形于色回到荒寨里。两个姑娘忙着预备晚饭。端菜出来,众人都注目看着她们。头目对大姑娘说:"我们以后不再干这生活了,明天大家便要到惠州去投入民军。我们把你配给廖兄弟。"他说着,指着一个面目长得十分俊秀,年纪在二十六七左右底男子,又往下说:"他叫廖成,是个白净孩子,想一定中你底意思。"他又对麟趾说:"小姑娘年纪太小,没人要,黑牛要你做女儿,明天你就跟着他过。他明天以后便是排长了。"他呶着嘴向黑牛指示麟趾。黑牛年纪四十左右,满脸横肉,看来像很凶残。当时两个女孩都哭了,众人都安慰她们。头目说:"廖兄弟底喜事明天就要办底。各人得早起,下山去搬些吃底,大家热闹一回。"

他们围坐着谈天,两个女孩在厨房收拾食具,小姑娘神气很镇定,低声问宜姑说:"怎办?"宜姑说:"我没主意,你呢?"

"我不愿意跟那黑鬼,我一看他,怪害怕的,我们逃吧。"

"不成,逃不了!"宜姑摇头说。

"你愿意跟那强盗?"

"不,我没主意。"

她们在厨房没想出什么办法,回到屋里,一同躺在稻草褥上,还继续地想,麟趾打定主意要逃,宜姑至终也赞成她。她们知道明天一早趁他们下山的时候再寻机会。

一夜底幽暗又叫朝云抹掉。果然外头底兄弟们一个个下山去预备喜筵。麟趾扯着宜姑说:"这是时候,该走了。"她们带着一点吃底,匆匆出了小寨。走不多远,宜姑住了步,对麟趾说:"不成,我们这一走,他们回寨见没有人,一定会到处追寻,万一被他们再抓回去,可就没命了。"麟趾没说什么,可也不愿意回去。宜姑至终说:"还是你先走罢。我回去张罗他们。他们问你底时候,我便说你到山里捡柴去。你先回到我公公那里去报信也好。"她们商量妥当,麟趾便从一条那班兄弟们不走底小道下山去。宜姑到看不见她,才掩泪回到寨里。

……

六

石龙车站里虽不都是避难的旅客,但已拥挤得不堪。站台上几乎没有一寸空地,都教行李和人占满了。麟趾从她底座位起来,到站外去买些吃的东西,回来时,位已被别人占去。她站在一边,正在吃东西,一个扒手偷偷摸摸地把她放在地下那个小包袱拿走。在她没有发觉以前,后面长凳上坐着的一个老和尚便赶过来,追着那贼说:"莫走,快把东西还给人。"他说着,一面追出站外。麟趾见拿的是她底东西,也追出来。老和尚把包袱夺回来,交给她说:"大姑娘,以后小心一点,在道上小人多。"

麟趾把包袱接在手里,眼泪几乎要流出来。她心里说若是丢了包袱,她就永久失掉纪念她父亲的东西了。再则,所有的珠宝也许都在里头。现出非常感激的样子,她对那出家人说:"真不该劳动老师父。跑累了么?我扶老师父进里面歇歇罢。"

老和尚虽然有点气喘,却仍然镇定地说:"没有什么,姑娘请进罢。你像是逃难的人,是不是?你底包袱为什么这样湿呢?"

"可不是!这是被贼抢漏了的。昨晚上,我们在船上,快到天亮的时候,忽然岸上开枪,船便停了。我一听见枪声,知道是贼来了,赶快把两个包袱扔在水里。我每个包袱本来都结着一条长绳子。扔下以后,便把一头暗地结在靠近舵边一根支篷的柱子上头。我坐在船尾,扔和结的时候都没人看见,因为客人都忙着藏各人底东西,天也还没亮,看不清楚。我又怕被人知道我有那两个包袱,万一被贼搜出来,当我是财主,将我掳去,那不更吃亏么?因此我又赶紧到篷舱里人多的地方坐着。贼人上来,真凶!他们把客人底东西都抢走了。个个底身上也搜过一遍,侥幸没被搜出的很少。我身边还有一点首饰,也送给他们了,还有一个人不肯把东西交出,教他们打死了,推下水去。他们走后,我又回到船后去,牵着那绳子,可只剩下一个包袱,那一个恐怕是教水冲掉了。"

"我每想着一次一次的革命,逃难的都是阔人。他们有香港、澳门、上海可去。逃不掉的,只有小百姓。今日看见车站这些人,才觉得不然。所不同的,是小百姓不逃固然吃亏,逃也便宜不了。姑娘很聪明,想得到把包袱扔在水里,真可佩服。"

麟趾随在后头回答说:"老师父过奖,方才把东西放下,就显得我很笨;

若不是老师父给追回来，可就不得了。老师父也是避难的么？"

"我么？出家人避什么难？我从罗浮山下来，这次要普陀山去朝山。"说时，回到他原来的坐位。但位已被人占了，他底包袱也没有了。他底神色一点也不因为丢了东西更变一点，只笑说："我的包袱也没了！"

心里非常不安的麟趾从身边拿出一包现银，大约二十元，对他说："老师父，我真感谢你，请你把这些银子收下罢。"

"不，谢谢，我身边还有盘缠。我底包袱不过是几卷残经和一件破袈裟而已。你是出门人，多一元在身边是一元的用处。"

他一定不受，麟趾只得收回。她说："老师父底道行真好，请问法号怎样称呼？"

那和尚笑说："老衲没有名字。"

"请告诉我，日后也许会再相见。"

"姑娘一定要问，就请叫我做罗浮和尚便了。"

"老师父一向便在罗浮吗？听你底口音不像是本地人。"

"不错，我是北方人。在罗浮出家多年了。姑娘倒很聪明，能听出我底口音。"

"姑娘倒很聪明"，在麟趾心里好像是幼年常听过的。她父亲底形貌，她已模糊记不清了，她只记得旺密的大胡子，发亮的眼神。因这句话，使她目注在老和尚脸上。光圆的脸，一根胡子也不留，满颊直像铺上一层霜，眉也白得像棉花一样。眼睛带着老年人的混浊颜色，神采也没有了。她正要告诉老师父她原先也是北方人，可巧汽笛底声音夹着轮声、轨道震动声，一齐送到。

"姑娘，广州车到了，快上去罢，不然占不到好座位。"

"老师父也上广州么？"

"不，我到香港候船。"

麟趾匆匆地别了他，上了车，当窗坐下。人乱过一阵，车就开了。她探出头来，还望见那老和尚在月台上。她凝望着，一直到车离开很远的地方。

她坐在车里，意象里只有那个老和尚。想着他莫不便是自己底父亲？可惜方才他递包袱时，没留神看看他底手。又想回来，不，不能够，也许我自己以为是，其实是别人。他底脸不很像哪！他的道行真好，不愧为出家人。忽然又想：假如我父亲仍在世，我必要把他找回来，供养他一辈子。呀，幼年时代甜美的生活,父母的爱惜,我不应当报答吗?不,不,没有父母底爱,父母都是自私自利的。为自己的名节,不惜把全家杀死。也许不止父母如此,一切的人都是自私自利的。从前的女子,不到成人,父母必要快些把她嫁给人。为什么?留在家里吃饭,赔钱。现在的女子,能出外跟男子一样做事,父母便不愿她嫁了。他们愿意她像儿子一样养他们一辈子,送他们上山。不,也许我底父母不是这样。他们也许对,是我不对,不听话,才会有今日的流离。

她一向便没有这样想过,今日因着车轮底转动摇醒了她底心灵。"你是聪明的姑娘!""你是聪明的姑娘!"轮子也发出这样的声音。这明明是父亲底话,明明是方才那老和尚底话。不知不觉中,她竟滴了满襟的泪。泪还没干,车已入了大沙头底站台了。

出了车站,照着廖成底话,雇一辆车直奔黑家。车走了不久时候,至终来到门前。两个站岗的兵问她找谁,把她引到上房,黑太太紧紧迎出来,相见之下,抱头大哭一场。佣人面面相觑,莫名其妙。

黑太太现在是个三十左右的女人,黑老爷可已年近半百。她装饰得非常时髦,锦衣、绣裙,用的是欧美所产胡奴底粉,杜丝底脂,古特士底甲红,鲁意士底眉黛,和各种著名的香料。她底化妆品没有一样不是上等,没有一件是中国产物。黑老爷也是面团团,腹便便,绝不像从前那凶神恶煞的样子。寒暄了两句,黑老爷便自出去了。

"妹妹,我占了你底地位。"这是黑老爷出去后,黑太太对麟趾的第一句话。

麟趾直看着她,双眼也没眨一下。

"唉,我底话要从哪里说起呢?你怎么知道找到这里来?你这几年来到哪里去了?"

"姊姊,说来话长,我们晚上有功夫细细谈罢。你现在很舒服了,我看你穿的用的便知道了。"

"不过是个绣花枕而已,我真是不得已。现在官场,专靠女人出去交际,男人才有好差使。无谓的应酬一天不晓得多少,真是把人累得要死。"

她们真个一直谈下去,从别离以后谈到彼此所过的生活。宜姑告诉麟趾他祖父早已死掉,但村里那间茅屋她还不时去看看。现在没有人住,只有一个人在那里守着。她这几年跟人学些注音字母,能够念些浅近文章。在话里不时赞美她丈夫底好处。麟趾心里也很喜欢，最能使她开心的便是那间茅舍还存在。她又要求派人去访寻黄胜，因为她每想着她欠了他很大的恩情。宜姑也应许为她去办。她又告诉宜姑早晨在石龙车站所遇的事情，说她几乎像看见父亲一样。

这样的倾谈决不能一时就完毕，好几天或好几个月都谈不完。东江底乱事教黑老爷到上海的行期改早些。他教他太太过些日子再走。因此宜姑对于麟趾，第二天给她买穿，第三天给她买戴；过几天又领她到张家，过几时又介绍她给李家。一会是同坐紫洞艇游河，一会又回到白云山附近底村居。麟趾的生活在一两个星期中真像粘在枯叶下的冷蛹，化了蝴蝶，在旭日和风中间翻舞一样。

黑家底行期已经定了，宜姑非带麟趾去不可，她想着带她到上海，一定有很多帮助。女人底脸曾与武人底枪平分地创造了人间一大部历史。黑老爷要去联络各地战主，也许要仗着麟趾才能成功。

七

南海底月亮虽然没有特别动人的容貌，因为只有它来陪着孤零的轮船走，所以船上很有些与它默契的人。夜深了，轻微的浪涌，比起人海中政争匪掠的风潮舒适得多。在枕上的人安宁地听着从船头送来波浪底声音，直如催眠的歌曲。统舱里躺着、坐着的旅客还没尽数睡着，有些还在点五更鸡煮挂面，有些躺在一边烧鸦片，有些围起来赌钱。几个要到普陀朝山的和尚受不了这种人间浊气，都上到舱面找一个僻静处所打坐去了。在石龙车站候车的那个老和尚也在里头。船上虽也可以入定，但他们不时也谈一两句话。从他们底谈话里，我们知道那老和尚又回到罗浮好些日子，为的是重新置备他底东西。

在那班和尚打坐的上一层甲板，便是大菜间客人底散步地方。藤椅上坐着宜姑。麟趾靠着舷边望月。别的旅客大概已经睡着了。宜姑日来看见麟趾心神恍惚，老像有什么事挂在心头一般，在她以为是待她不错；但她总是望着空间想，话也不愿意多说一句。

"妹妹，你心里老像有什么事，不肯告诉我。你是不喜欢我们带你到上海去么？也许你想你底年纪大啦，该有一个伴了。若是如此，我们一定为你想法子。他底交游很广，面子也够，替你选择的人准保不错。"宜姑破了沉寂，坐在麟趾背后这样对她说。她心里是想把麟趾认做妹妹，介绍给一个督军底儿子当做一种政治钓饵。万一不成，也可以借着她在上海活动。

麟趾很冷地说："我现在谈不到那事情，你们待我很好，我很感激。但我老想着到上海时，顺便到普陀去找找那个老师父，看他还在那里不在，我现在心里只有他。"

"你准知道他便是你父亲吗？"

"不，我不过思疑他是。我不是说过那天他开了后门出去，没听见他回到屋里的脚音吗？我从前信他是死了，自从那天起教我希望他还在人间。假如我能找着他，我宁愿把所有的珠宝给你换那所茅屋，我同他在那里住一辈子。"麟趾转过头来，带着满有希望的声调对着宜姑。

"那当然可以办的到，不过我还是希望你不要做这样没有把握的寻求。和尚们多半是假慈悲，老奸巨猾的不少；你若有意去求，若是有人知道你底来历，冒充你父亲，教你养他一辈子，那你不就上了当？幼年的事你准记得清楚么？"

"我怎么不记得？谁能瞒我？我底凭证老带在身边，谁能瞒得过我？"她说时拿出她几年来常在身边的两截带指甲的指头来，接着又说，"这就是凭证。"

"你若是非去找他不可，我想你一定会过那飘泊的生活，万一又遇见危险，后悔就晚了。现在的世界乱得很，何苦自己去找烦恼？"

"乱么？你、我都见过乱，也尝过乱的滋味，那倒没有什么，我底穷苦生活比你多过几年，我受得了，你也许忘记了。你现在的地位不同，所以不这样想。假若你同我换一换生活，你也许也会想去找你那耳聋的祖父罢。"她没有回答什么，嘴里漫应着："唔，唔。"随即站起来，说："我们睡去罢，不早了。明天一早起来看旭日，好不好？"

"你先去罢，我还要停一会儿才能睡咧。"

宜姑伸伸懒腰，打了一个呵欠，说声"明天见！别再胡思乱想了，妹妹"，便自进去了。

她仍靠在舷边，看月光映得船边底浪花格外洁白，独自无言，深深地呼吸着。

甲板底下那班打坐的和尚也打起盹来了。他们各自回到统舱里去。下了扶梯，便躺着。那个老是用五更鸡煮挂面的客人，他虽已睡去，火仍是点着。一个和尚的袍角拂倒那放在上头的锅,几乎烫着别人底脚。再前便是那抽鸦片的客人,手拿着烟枪,仰面打鼾,烟灯可还未灭,黑甜的气味绕缭四围。斗纸牌的还在斗着。谈话的人可少了。

月也回去了,这时只剩下浪吼轮动的声音。

宜姑果然一清早便起来看海天旭日,麟趾却仍在睡乡里,报时的钟打了六下,甲板上下早已洗得干干净净。统舱底客人先后上来盥漱。麟趾也披着寝衣出来,坐在舷边底漆椅上。在桄梯边洗脸的和尚们牵引了她底视线。她看见那天在石龙车站相遇的那个老师父,喜欢得直要跳下去叫他。正要走下去,宜姑忽然在背后叫她,说:"妹妹,你还没穿衣服咧。快吃早点了,还不去梳洗?"

"姊姊,我找着他了!"她不顾一切还是要下扶梯。宜姑进前几步,把她揪住,说:"你这像什么样子,下去不怕人笑话,我看你真是有点迷。"她不由分说,把麟趾拉进舱房里。

"姊姊,我找着他了!"她一面换衣服,一面说,"若果是他,你得给我靠近燕塘的那间茅屋,我们就在那里住一辈子。"

"我怕你又认错了人,你一见和尚便认定是那个老师父,我准保你又会闹笑话,我看吃过早饭叫'播外'① 下去问问,若果是,你再下去不迟。"

"不用问,我准知道是他。"她三步做一步跳下扶梯来。那和尚已漱完口下舱去了。她问了旁边底人便自赶到统舱去。下扶梯过急,猛不防把那点着的五更鸡踢倒。汽油洒满地,火跟着冒起来。

舱里底搭客见楼梯口着火,个个都惊惶失措,哭的、嚷的、乱跑的,混在一起。麟趾退上舱面,脸吓得发白,话也说不出来。船上底水手,知道火起,忙着解开水龙。警钟响起来了!

舱底没有一个敢越过那三尺多高的火焰。忽然跳出那个老和尚,抱着一张大被窝腾身向火一扑,自己倒在火上压着。他把火几乎压灭了一半,众人才想起掩盖的一个法子。于是一个个拿被窝争着向剩下的火焰掩压。不一会把火压住了,水龙底水也到了。忙乱了一阵,好容易才把火扑灭了。各人取回冲湿的被窝时,直到最底下那层,才发现那老师父。众人把他扛到甲板上头,见他底胸背都烧烂了。

他两只眼虽还睁着,气息却只留着一丝。众人围着他。但具有感激他为众舍

---

① "播外",即 boy 的译音,就是茶役的意思。(原文注)

命的恐怕不多。有些只顾骂点五更鸡的人，有些却咒那行动卤莽的女子。

　　麟趾钻进人丛中，满脸含泪。那老师父底眼睛渐次地闭了，她大声叫："爸爸！爸爸！"

　　众人中，有些肯定地说他死了。麟趾揸着他底左手，看看那剩下的三个指头。她大哭起来，嚷，说："真是我底爸爸呀！"这样一连说了好几遍。宜姑赶下来，把她扶开，说："且别哭啦，若真是你父亲，我们回到屋里再打算他底后事。在这里哭惹得大众来看热闹，也没什么好处。"

　　她把麟趾扶上去以后，有人打听老和尚和那女客的关系，却没有一个人知道。他同伴的和尚也不很知道他的来历。他们只知道他是从罗浮山下来的。有一个知道详细一点，说他在某年受戒，烧掉两个指头供养三世法佛。这话也不过是想，当然并没有确实的凭据。同伴底和尚并没有一个真正知道他底来历。他们最多知道他住在罗浮不过是四五年光景，从哪里得的戒牒也不知道。

　　宜姑所得的回报，死者是一个虔心奉佛燃指供养的老和尚。麟趾却认定他便是好几年前自己砍断指头的父亲。死的已经死掉，再也没法子问个明白。他们也不能教麟趾不相信那便是她爸爸。

　　她躺在床上，哭得像泪人一般，宜姑在旁边直劝她。她说："你就将他底遗体送到普陀或运回罗浮去为他造一个塔，表表你底心也就够了。"

　　统舱底秩序已经恢复。麟趾到停尸的地方守着。她心里想：这到底是我父亲不是？他是因为受戒烧掉两个指头的么？一定的，这样的好人，一定是我父亲。她底泪沉静地流下，急剧地滴到膝上。她注目看着那尸体，好像很认得，可惜记忆不能给她一个反证。她想到普陀以后若果查明他的来历不对，就是到天边海角，她也要再去找找。她底疑心，很能使她再去过游浪的生活。长住在黑家决不是她所愿意的事。她越推想越入到非非之境，气息几乎像要停住一样。船仍在无涯的浪花中漂着，烟囱冒出浓黑的烟，延长到好几百丈，渐次变成灰白色，一直到消灭在长空里头。天涯底彩云一朵一朵浮起来，在麟趾眼里，仿佛像有仙人踏在上头一般。

赏读

小说《女儿心》讲述了在武昌革命的大背景下，乌太爷为了维护旗人尊严斩杀了一家人，只有小女儿麟趾逃了出来。她带着父亲掉落的两根手指头，开始了颠沛流离的生活，路途中和宜姑成了好朋友。经历了种种磨难的麟趾在碰到了帮助她的老和尚之后，决心找回失联已久的父亲。后来船上发生一场大火，老和尚为救火而丧生，麟趾看到老和尚烧掉的两个指头，痛哭不止，尽管不确定老和尚是否就是父亲，但她还是决意继续追寻父亲的踪迹。

显然，小说结尾是一个开放性的结局，具有宗教的玄秘色彩。麟趾颠沛流离、历尽艰辛，就是依靠寻找父亲的信念作为支撑。这种信念，甚至在老和尚丧生以后仍未有减退，"若果查明他的来历不对，就是到天边海角，她也要再去找找"。麟趾的信念无疑与佛教所指称的"执着"相契合。当然，"执着"是因为"众生有情"，割舍不断的亲情羁绊，让麟趾最终陷入了"业"与"苦"的痛苦纠缠：因为执念追寻，于是目睹了老和尚的丧生；因为疑团的产生，又重回过去的游浪，走向未知的命运。老和尚短暂的出现，即是缘起缘灭。麟趾无法勘破，其实在情理之中。"生本不乐"是许地山小说的一贯思想，但"众生有情"却是许氏小说的艺术魅力。正如他在散文《七宝池上的乡思》所阐述的："世界不尽，有情不尽；有情不尽，轮回不尽；轮回不尽，济度不尽；济度不尽，乐土乃能显现不尽。"这反映了许地山深沉而又超脱的宗教情怀。

当然，作为线索人物的老和尚更是有着佛门强烈的慈悲精神，为渡济苦厄不惜牺牲自我，最终殒身火场。他手上缺失的两个指头，虽留有悬念，实际也指向了"燃指供佛"的舍身精神，由此更让麟趾认定："这样的好人，一定是我父亲。"可以说，这里的细节和隐喻都极具宗教意味，在亲情的蕴藉下更加熠熠生辉。

许地山对宗教意象一向情有独钟：《命命鸟》中的瑞大光塔，《商人妇》中的启明星，《玉官》中的白话圣经和"天路历程"等。综观这些作品，作者对宗教元素的引入并非为了宣扬教义，也没有刻意渲染神秘主义色彩，而是配合情节发展或有所隐喻，或提供线索。更为重要的是，作者对宗教观念的阐发则结合自身的感悟加以演绎。譬如部分小说所涉及的"轮回"，显然并非宗教意义上的生命循环机制。它成为一种具有浪漫主义特质的艺术形态：从人的心理时空出发，突破了现实时空的有限性，拓展了情感的广度与深度，从而引起读者普遍的共鸣。

此外，由于诸多现实矛盾都难以解答，许地山在小说叙事里往往显现出挥之不去的忧伤情结。譬如《女儿心》所涉及的家长观念、革命暴力、流匪乱象等，集中反映了作者对一系列问题的思考：生与死，苦与乐，自由与压制……沈从文称许地山的作品"是把基督教的爱欲，佛教的明慧，近代文明与古旧情绪，糅合在一处，毫不牵强地融成一片"，可谓不偏不倚，正中肯綮。在许地山的艺术世界里，我们看到了宗教作为审美的一种可能。

延伸阅读

1. 许地山：《空山灵雨》，北京：北京师范大学出版社2012年版。

2. 许地山：《缀网劳蛛》，天津：百花文艺出版社2006年版。

3. 许燕吉：《我是落花生的女儿》，长沙：湖南人民出版社2013年版。

切磋琢磨

1. 经济时代的经济自主性决定了个人的人格独立性。但是东方文化，特别是中国传统文化的家庭伦理观念所体现的长幼尊卑、父权观念又决定了子女对于父母的依属性。一方面是年轻的一代人努力挣脱父母家庭的束缚，一方面是父母竭力要将子女牢牢地控制在自己的手中，对立冲突在所难免。该如何处理这样的问题？父母之命与个人抉择是两难的选择吗？

2. "上边"代表着偏远而颓败、淳朴而又寂寞的乡村，也代表着勤劳本分、少言寡语的父亲母亲；"下边"代表着越来越热闹、越来越繁盛的接近现代文明的乡村，也代表着渐行渐远的刘子瑞的儿子。如果你是"刘子瑞的儿子"，你如何打通上边和下边，如何让寂寞的父亲母亲欢乐起来？

3. 意象是诗歌的重要概念。古人以为意是内在的抽象的心意，象是外在的具体的物象；意源于内心并借助于象来表达，象其实是意的寄托物。《献给母亲的方尖碑》诗中的"落潮""红玫瑰""香橙""方尖碑"就是意象，寄托了诗人的思想和情感。请你仔细阅读体会，与同学交流自己对这些意象的理解。

舐犊情深

◇ 许三观卖血记（节选）　余华

◇ 呼兰河传（节选）　萧红

◇ 赋得永久的悔　季羡林

◇ 先父对余之幼年教诲　钱穆

◇ 睡吧，山谷　北岛

导读

中国传统社会"五伦"(君臣、父子、兄弟、夫妇、朋友)观念中,家庭的父子亲情伦理关系构成了中国人伦社会的基础。所有的其他人伦关系都是由此派生出来的,或是演绎生发出来的。家庭的父子亲情伦理关系由此也构成了中国社会结构的骨架及其核心组成部分。

在中国文化史上,不乏这样鲜活的有着永存生命力的故事。"孟母三迁"的典故告诉我们,父母一辈的人(也包括祖父母一辈的人)为了自己的子女有一个好的成长环境,不惜忍受自身的生活困顿和颠沛流离的境遇,也要让子女健康成长。今天的中国年轻的父母依旧不离传统的做法,又何尝不是像他们的父母一样对待自己的子女呢!为了子女的求学上进,他们可以舍弃自己的幸福而陪伴在子女的身边,任劳任怨、饱尝艰辛,好让子女安心读书,自己只是默默地、深情地注视着孩子的进步。"哀哀父母,生我劬劳。"正是父母对子女无私的慈爱,为子女撑起了一片天空,力促着新一代人的成长,力促着这个国家的进步。

本单元所选录的五篇文学作品就是从"慈爱"的角度出发,表现出中国人对于子女的关爱,以及由此扩张开去的对一切弱小生命的关爱、怜悯与帮助。从细微的生活细节的展示中,我们可以看到父母乃至人类博大的生命关怀,也能够看到子女在长辈的呵护下轻松快乐地生活,以及由此而形成的对于生活的深刻认知、个人的思想进步。一句话,父子亲情这个命题在此得到了极好的伸张。

父母对于子女的爱是无私的。"大爱无疆"这句话用在这个地方是十分合适的。面对自己心血的结晶,会有哪个父母不疼爱自己的子女呢!在《许三观卖血记》这篇小说里,许三观对于自己的三个孩子都十分疼爱,特别是对于非亲生的长子"一乐"更是如此。尽管许三观对他有些歧视,做法上有别于自己亲生的孩子,但是在关键的节点上,父爱的责任心与担当感让许三观在犹豫的步伐中走向了父爱的制高点，将一个孩子脆弱的心灵严实地包裹起来，给予他深深的父爱。在以后的岁月里，为了这个孩子的健康，许三观几乎耗尽了自己生命的全部力量。对于这个孩子的爱远远超过了对自己亲生孩子的爱，呈现出人类崇高的精神世界。

父母之爱是如此崇高。他们以自己宽厚的胸膛、阔伟的身躯撑起了一片属于孩子们的天空，让自己的孩童生活充满惬意。萧红女士在《呼兰河传》的作品里讲述了自己在祖父的呵护下，放松身心地自由自在地生活。每一件新奇的事物都让孩子欣喜，每一件事情都让孩子快乐；即使做错了事情，也没有关系。"我玩累了，就在房子底下找个阴凉的地方睡着了。不用枕头，不用席子，把草帽遮在脸上就睡了。"

散文《赋得永久的悔》是散文集《赋得永久的悔》的主打作品，散文集也因此而得名，足以见得这篇散文的分量。在作品中，通过回忆与母亲一起生活时点点滴滴的片段，表现出作者浓浓的亲情。虽然文章里所记都是些碎片化的只鳞片爪的生活琐事，但以作者耄耋之年的高龄写来，更传达出作者对母亲的深深眷念之情、感激之情和不能"报得三春晖"的愧疚心理，彰显着中国文化人伦道德的风范。

父母之爱也是严厉的。只是这种严厉像和煦的春风般融入于孩子们的心田，有的只是惕惕之情，而无严厉之意。父母对于子女的爱绝不是溺爱。他们可以从生活上百般疼爱，但在做人做事的教育上绝不因此而放松。这是孩子们成长进步的关键。"子不学，父之过"就是这个道理。钱穆先生在《先父对余之幼年教诲》文章里说到，他的父亲对于子女允许犯错，但在涉及今后成长的问题上绝不松懈，并不因为孩子有一个所谓的"优点"就放松对孩子的教育，反倒是更加上心，呕心沥血。这是真正的父爱。

也正是父母之爱的呵护与疼爱，孩子们才能够健康地成长，成为社会需要的人，成为独立自主的人，也成为同样拥有"大爱"的人；并把这种爱推广到生活，关爱一切生命，让无生命的万象具有生命，像人那样地生活。北岛的短诗《睡吧，山谷》便传达出这种情怀。世间万物在北岛的诗句里活泛起来，被注入深深的"人"的情怀与色彩，从而使人真切地拥抱自然、拥抱生活。"山谷睡在蓝色的云雾里　风，睡在我们的手掌中"，多么温馨的场景啊！

读者如果能够从本单元的作品中体悟到父爱以及人间之爱，如果能够由此推广到更广阔的"博爱"层面上，则是编者之幸，也是读者之幸！

许三观卖血记（节选）①

余 华

第十八章

许三观对许玉兰说："今年是一九五八年，人民公社，大跃进，大炼钢铁，还有什么？我爷爷、我四叔他们村里的田地都被收回去了，从今往后谁也没有自己的田地了，田地都归国家了，要种庄稼得向国家租田地，到了收成的时候要向国家交粮食，国家就像是从前的地主，当然国家不是地主，应该叫人民公社……我们丝厂也炼上钢铁了，厂里砌出了八个小高炉，我和四个人管一个高炉，我现在不是丝厂的送茧工许三观，我现在是丝厂的炼钢工许三观，他们都叫我许炼钢。你知道为什么要炼那么多钢铁出来？人是铁，饭是钢，这钢铁就是国家的粮食，就是国家的稻子、小麦，就是国家的鱼和肉。所以炼钢铁就是在田地里种稻子……"

许三观对许玉兰说："我今天到街上去走了走，看到很多

---

① 选自《许三观卖血记》（作家出版社 2008 年版），有改动。余华，1960 年出生于浙江海盐县。著有《活着》《在细雨中呼喊》等作品。

戴红袖章的人挨家挨户地进进出出，把锅收了，把碗收了，把米收了，把油盐酱醋都收了去，我想过不了两天，他们就会到我们家来收这些了，说是从今往后谁家都不可以自己做饭了，要吃饭去大食堂。你知道城里有多少个大食堂？我这一路走过来看到了三个，我们丝厂一个；天宁寺是一个，那个和尚庙也改成食堂了，里面的和尚全戴上了白帽子，围上了白围裙，全成了大师傅；还有我们家前面的戏院，戏院也变成了食堂，你知道戏院食堂的厨房在哪里吗？就在戏台上，唱越剧的小旦、小生一大群都在戏台上洗菜淘米，听说那个唱老生的是司务长，那个丑角是副司务长……"

许三观对许玉兰说："前天我带你们去丝厂大食堂吃了饭，昨天我带你们去天宁寺大食堂吃了饭，今天我带你们去戏院大食堂吃了饭。天宁寺大食堂的菜里面肉太少，和尚们以前是不吃荤的，所以肉就少。我们昨天在那里吃青椒炒肉时，你没听到他们在说'这不是青椒炒肉，这是青椒少肉'吗？三个大食堂吃下来，你和儿子们都喜欢戏院的大食堂，我还是喜欢我们丝厂的大食堂。戏院食堂的菜味道不错，就是量太少；我们丝厂大食堂菜多，肉也多，吃得我心满意足。我在天宁寺食堂吃了以后，没有打饱嗝；在戏院食堂吃了也没打饱嗝；就是在丝厂食堂吃了以后，饱嗝打了一宵，一直打到天亮。明天我带你们去市政府的大食堂吃饭，那里的饭菜是全城最好吃的。我是听方铁匠说的，他说那里的大师傅全是胜利饭店过去的厨师，胜利饭店的厨师做出来的菜，肯定是全城最好的。你知道他们最拿手的菜是什么？就是爆炒猪肝……"

许三观对许玉兰说："我们明天不去市政府大食堂吃饭了，在那里吃一顿饭累得我一点力气都没有了，全城起码有四分之一的人都到那里去吃饭，吃一顿饭比打架还费劲，把我们的三个儿子都要挤坏了，我衣服里面的衣服全湿了，还有人在那里放屁，弄得我一点胃口都没有。我们明天去丝厂食堂吧，我知道你们想去戏院食堂，可是戏院食堂已经关掉了，听说天宁寺食堂这两天也要关门了，就是我们丝厂食堂还没有关门，不过我们要去得早，去晚了就什么都吃不上了……"

许三观对许玉兰说："城里的食堂全关门了，好日子就这么过去了，从今以后谁也不来管我们吃什么了，我们是不是重新自己管自己了？可是我们吃什么呢？"

许玉兰说："床底下还有两缸米。当初他们来我们家收锅、收碗、收米、收油盐酱醋时，我舍不得这两缸米，舍不得这些从你们嘴里节省出来的米，我就没有交出去……"

第十九章

许玉兰嫁给许三观已经有十年，这十年里许玉兰天天算计着过日子，她在床底下放着两口小缸，那是盛米的缸。在厨房里还有一口大一点的米缸，许玉兰每天做饭时，先是揭开厨房里米缸的木盖，按照全家每个人的饭量，往锅里倒米，然后再抓出一把米放到床下的小米缸中。她对许三观说："每个人多吃一口饭，谁也不会觉得多；少吃一口饭，谁也不会觉得少。"

她每天都让许三观少吃两口饭，有了一乐、二乐、三乐以后，也让他们每天少吃两口饭，至于她自己，每天少吃的就不止是两口饭了。节省下来的米，被她放进床下的小米缸。原先只有一口小缸，放满了米以后，她又去弄来了一口小缸，没有半年又放满了，她还想再去弄一口小缸来，许三观没有同意，他说："我们家又不开米店，存那么多米干什么？到了夏天吃不完的话，米里面就会长虫子。"

许玉兰觉得许三观说得有道理，就满足于床下只有两口小缸，不再另想办法。

米放久了就要长出虫子来，虫子在米里面吃喝拉睡的，把一粒一粒的米都吃碎了，好像面粉似的。虫子拉出来的屎也像面粉似的，混在里面很难看清楚，只是稍稍有些发黄。所以床下两口小缸里的米放满以后，许玉兰就把它们倒进厨房的米缸里。

然后，她坐在床上，估算着那两小缸的米有多少斤，值多少钱，她把算出来的钱叠好了放到箱子底下。这些钱她不花出去，她对许三观说："这些钱是我从你们嘴里一点一点掏出来的，你们一点都没觉察到吧？"

她又说："这些钱平日里不能动，到了紧要关头才能拿出来。"

许三观对她的做法不以为然，他说："你这是脱裤子放屁，多此一举。"

许玉兰说："话可不能这么说，人活一辈子，谁会没病没灾？谁没有个三长两短？遇到那些倒霉的事，有准备总比没有准备好。聪明人做事都给自己留着一条退路……"

"再说，我也给家里节省出了钱……"许玉兰经常说，"灾荒年景会来的，人活一生总会遇到那么几次，想躲是躲不了的。"

当三乐八岁、二乐十岁、一乐十一岁的时候,整个城里都被水淹到了,最深的地方有一米多,最浅的地方也淹到了膝盖。在这一年六月里,许三观的家有七天成了池塘,水在他们家中流来流去,到了晚上睡觉的时候,还能听到波浪的声音。

水灾过去后,荒年就跟着来了。刚开始的时候,许三观和许玉兰还没有觉得荒年就在面前了,他们只是听说乡下的稻子大多数都烂在田里了,许三观就想到爷爷和四叔的村庄,他心想好在爷爷和四叔都已经死了,要不他们的日子怎么过呢?他另外三个叔叔还活着,可是另外三个叔叔以前对他不好,所以他也就不去想他们了。

到城里来要饭的人越来越多,许三观和许玉兰这才真正觉得荒年已经来了。每天早晨打开屋门,就会看到巷子里睡着要饭的人,而且每天看到的面孔都不一样,那些面孔也是越来越瘦。

城里米店的大门有时候开着,有时候就关上了,每次关上后重新打开时,米价就往上涨了几倍。没过多久,以前能买十斤米的钱,只能买两斤红薯了。丝厂停工了,因为没有蚕茧;许玉兰也用不着去炸油条,因为没有面粉,没有食油。学校也不上课了,城里很多店都关了门,以前有二十来家饭店,现在只有胜利饭店还在营业。

许三观对许玉兰说:"这荒年来得真不是时候,要是早几年来,我们还会好些;就要是晚几年来,我们也能过得去。偏偏这时候来了,偏偏在我们家底空了的时候来了。

"你想想,先是家里的锅和碗,米和油盐酱醋什么的被收去了,家里的灶也被他们砸了,原以为那几个大食堂能让我们吃上一辈子,没想到只吃了一年,一年以后又要吃自己了,重新起个灶要花钱,重新买锅碗瓢盆要花钱,重新买米和油盐酱醋也要花钱。这些年你一分、两分节省下来的钱就一下子花出去了。

"钱花出去了倒也不怕,只要能安安稳稳过上几年,家底自然又能积起来一些。可是这两年安稳了吗?先是一乐的事,一乐不是我儿子,我是当头挨了一记闷棍,这些就不说了,这个一乐还给我们去闯了祸,让我赔给了方铁匠三十五元钱。这两年我过得一点都不顺心,紧接着这荒年又来了。

"好在床底下还有两缸米……"

许玉兰说:"床底下的米现在不能动,厨房的米缸里还有米。从今天起,我们不能再吃午饭了,我估算过了,这灾荒还得有半年,要到明年开春以后,地里的庄稼都长出来以后,这灾荒才会过去。家里的米只够我们吃一个月,如果每天都喝稀粥的话,也只够吃四个月多几天。剩下还有一个多月的灾荒怎么过?总不能一个多月不吃不喝,要把这一个多月拆开了,插到那四个月里面去。趁着冬天还没有来,我们到城外去采一些野菜回来,厨房的米缸过不了几天就要空了,刚好把它腾出来放野菜,再往里面撒上盐,野菜撒上了盐就不会烂,起码四五个月不会烂掉。家里还有一些钱,我藏在褥子底下,这钱你不知道,是我这些年买菜时节省下来的,有十九元六角七分,拿出十三元去买玉米棒子,能买一百斤回来,把玉米剥下来,自己给磨成粉,估计也有三十来斤,玉米粉混在稀粥里一起煮了吃,稀粥就会很稠,喝到肚子里也能觉得饱……"

许三观对儿子们说:"我们喝了一个月的玉米稀粥了,你们脸上红润的颜色喝没了,你们身上的肉也越喝越少了,你们一天比一天无精打采,你们现在什么话都不会说了,只会说饿、饿、饿,好在你们的小命都还在。现在城里所有的人都在过苦日子,你们到邻居家去看看,再到你们的同学家里去看看,每天有玉米稀粥喝的已经是好人家了。这苦日子还得往下熬。米缸里的野菜你们都说吃腻了,吃腻了也得吃,你们想吃一顿干饭,吃一顿不放玉米粉的饭,我和你们妈商量了,以后会做给你们吃的,现在还不行,现在还得吃米缸里的野菜,喝玉米稀粥。你们说玉米稀粥也越来越稀了,这倒是真的,因为这苦日子还没有完,苦日子往后还很长,我和你们妈也没有别的办法,只好先把你们的小命保住,别的就顾不上了,俗话说得好,留得青山在不怕没柴烧,只要把命保住了,熬过了这苦日子,往下就是很长很长的好日子了。现在你们还得喝玉米稀粥,稀粥越来越稀,你们说尿一泡尿,肚子里就没有稀粥了。这话是谁说的?是一乐说的,我就知道这话是他说的,你这小崽子。你们整天都在说饿、饿、饿,你们这么小的人,一天喝下去的稀粥也不比我少,可你们整天说饿、饿、饿,为什么?就是因为你们每天还出去玩,你们一喝完粥就溜出去,我叫都叫不住,三乐这小崽子今天还在外面喊叫,这时候还有谁会喊叫?这时候谁说话都是轻声细气的,谁的肚子里都在咕咚咕咚响着,本来就没吃饱,一喊叫,再一跑,喝下去的粥他妈的还会有吗?早他妈的消化干净了。从今天起,二乐、三乐,还有你,一乐,喝完粥以后都给我上床去躺着,不要动,一动就会饿,你们都给我静静地躺着,我和你们妈也上床躺着……我不能再说话了,我饿得一点力气都没有了,我刚才喝下去的稀粥一点都没有了。"

许三观一家人从这天起,每天只喝两次玉米稀粥了,早晨一次,晚上一次,别的时间全家都躺在床上,不说话也不动。一说话一动,肚子里就会咕咚咕咚响起来,就会饿。不说话也不动,静静地躺在床上,就会睡着了。于是许三观一家人从白天睡到晚上,又从晚上睡到白天,一睡睡到了这一年的十二月七日。

这一天晚上,许玉兰煮玉米稀粥时比往常多煮了一碗,而且玉米粥也比往常稠了很多,她把许三观和三个儿子从床上叫起来,笑嘻嘻地告诉他们:"今天有好吃的。"

许三观和一乐、二乐、三乐坐在桌前,伸长了脖子看着许玉兰端出来什么,结果许玉兰端出来的还是他们天天喝的玉米粥。先是一乐失望地说:"还是玉米粥。"二乐和三乐也跟着同样失望地说:"还是玉米粥。"

许三观对他们说:"你们仔细看看,这玉米粥比昨天的,比前天的,比以前的可是稠了很多。"

许玉兰说:"你们喝一口就知道了。"

三个儿子每人喝了一口以后,都眨着眼睛一时间不知道是什么味道,许三观也喝了一口,许玉兰问他们:"知道我在粥里放了什么吗?"

三个儿子都摇了摇头,然后端起碗呼呼地喝起来。许三观对他们说:"你们真是越来越笨了,连甜味道都不知道了。"

这时一乐知道粥里放了什么了,他突然叫起来:"是糖,粥里放了糖。"

二乐和三乐听到一乐的喊叫以后,使劲地点起了头,他们的嘴却没有离开碗,边喝边发出咯咯的笑声。许三观也哈哈笑着,把粥喝得和他们一样响亮。

许玉兰对许三观说:"今天我把留着过春节的糖拿出来了,今天的玉米粥煮得又稠又黏,还多煮了一碗给你喝,你知道是为什么?今天是你的生日。"

许三观听到这里,刚好把碗里的粥喝完了,他一拍脑袋叫起来:"今天就是我妈生我的第一天。"

然后他对许玉兰说,"所以你在粥里放了糖,这粥也比往常稠了很多,你还为我多煮了一碗,看在我自己生日的份上,我今天就多喝一碗了。"

当许三观把碗递过去的时候,他发现自己晚了。一乐、二乐、三乐的三只空碗已经抢在了他的前面,朝许玉兰的胸前塞过去,他就挥挥手说:"给他们喝吧。"

许玉兰说:"不能给他们喝,这一碗是专门为你煮的。"

许三观说:"谁喝了都一样,都会变成屎,就让他们去多屙一些屎出来。给他们喝。"

然后许三观看着三个孩子重新端起碗来,把放了糖的玉米粥喝得哗啦哗啦响,他就对他们说:"喝完以后,你们每人给我叩一个头,算是给我的寿礼。"

说完心里有些难受了,他说:"这苦日子什么时候才能完?小崽子苦得都忘记什么是甜,吃了甜的都想不起来这就是糖。"

三个孩子喝完了玉米粥,都伸长了舌头舔起了碗,舌头像是巴掌似的把碗拍得噼啪响。把碗舔干净了,一乐放下碗问许三观:"爹,现在是不是要给你叩头了?"

"你们都喝完了吗?"许三观把三个孩子挨着看了一遍,"你们喝完了粥,你们该给我叩头了。"

一乐问:"我们是一个一个轮着给你叩头,还是三个人一起给你叩头?"

许三观说:"一个一个来,从大到小,一乐你先来。"

一乐走到许三观前面,跪到地上,然后问许三观:"要叩几个头?"

许三观说:"三个。"

一乐就叩了三个头,然后二乐和三乐也给许三观叩了三个头。许三观看他们都没有把头碰到地上,就说:"别人家的儿子给爹叩头,脑袋都把地敲出声响来,你们三个小崽子都没碰着地……"

许三观说完以后,一乐说:"刚才不算了,我们重新给你叩头。"

说着一乐跪下去,将脑袋在地上敲了三下,二乐和三乐也学着一乐的样子用脑袋去敲地。许三观听着他们把地敲得咚咚直响,哈哈笑起来,他说:"我听到了,我眼睛看到你们叩头了,耳朵也听到你们叩头了,行啦,我已经收到你们送的寿礼了……"

二乐说:"爹,我们一起给你叩一次头。"

许三观连连摆手说:"行啦,不用啦……"

三个孩子排成一排,跪在地上,一起用脑袋敲起了地,他们咯咯笑着把地敲得咚咚响,许三观急了,走上去把三个孩子一个一个提起来,他说:"别叩啦,你们这地方是脑袋,不是屁股,这地方不能乱敲,你们把自己敲成了傻子,倒霉的还是我。"

然后许三观重新在椅子里坐下,让三个孩子在前面站成一排,他对他们说:"换成别人家,儿子给爹祝寿,送的礼堆起来就是一座小山,不说别的,光寿桃就是一百个,还有吃的、穿的、用的,什么都有。再看看你们给我祝寿,什么都没有,只有几个响头。"

许三观看到三个儿子互相看来看去的,他继续说:"你们也别看来看去了,你们三个都穷得皮包骨头,你们能送我什么?你们能叩几个响头给我,我就知足了。"

这天晚上,一家人躺在床上时,许三观对儿子们说:"我知道你们心里最想的是什么?就是吃,你们想吃米饭,想吃用油炒出来的菜,想吃鱼啊肉啊的。今天我过生日,你们都跟着享福了,连糖都吃到了,可我知道你们心里还想吃。还想吃什么?看在我过生日的份上,今天我就辛苦一下,我用嘴给你们每人炒一道菜,你们就用耳朵听着吃了,你们别用嘴,用嘴连个屁都吃不到,都把耳朵竖起来,我马上就要炒菜了。想吃什么,你们自己点。一个一个来,先从三乐开始。三乐,你想吃什么?"

三乐轻声说:"我不想再喝粥了,我想吃米饭。"

"米饭有的是,"许三观说,"米饭不限制,想吃多少就有多少,我问的是你想吃什么菜。"

三乐说:"我想吃肉。"

"三乐想吃肉,"许三观说,"我就给三乐做一个红烧肉。肉,有肥有瘦,红烧肉的话,最好是肥瘦各一半,而且还要带上肉皮,我先把肉切成一片一片的,有手指那么粗,半个手掌那么大,我给三乐切三片……"

三乐说:"爹,给我切四片肉。"

"我给三乐切四片肉……"

三乐又说:"爹,给我切五片肉。"

许三观说:"你最多只能吃四片,你这么小一个人,五片肉会把你撑死的。我先把四片肉放到水里煮一会,煮熟就行,不能煮老了,煮熟后拿起来晾干,晾干以后放到油锅里一炸,再放上酱油,放上一点五香,放上一点黄酒,再放上水,就用文火慢慢地炖,炖上两个小时,水差不多炖干时,红烧肉就做成了……"

许三观听到了吞口水的声音。"揭开锅盖，一股肉香是扑鼻而来，拿起筷子，夹一片放到嘴里一咬……"

许三观听到吞口水的声音越来越响。"是三乐一个人在吞口水吗？我听声音这么响，一乐和二乐也在吞口水吧？许玉兰你也吞上口水了。你们听着，这道菜是专给三乐做的，只准三乐一个人吞口水，你们要是吞上口水，就是说你们在抢三乐的红烧肉吃。你们的菜在后面，先让三乐吃得心里踏实了，我再给你们做。三乐，你把耳朵竖直了……夹一片放到嘴里一咬，味道是，肥的是肥而不腻，瘦的是丝丝饱满。我为什么要用文火炖肉？就是为了让味道全部炖进去。三乐的这四片红烧肉是……三乐，你可以慢慢品尝了。接下去是二乐，二乐想吃什么？"

二乐说："我也要红烧肉，我要吃五片。"

"好，我现在给二乐切上五片肉，肥瘦各一半，放到水里一煮，煮熟了拿出来晾干，再放到……"

二乐说："爹，一乐和三乐在吞口水。"

"一乐，"许三观训斥道，"还没轮到你吞口水。"

然后他继续说："二乐是五片肉，放到油锅里一炸，再放上酱油，放上五香……"

二乐说："爹，三乐还在吞口水。"

许三观说："三乐吞口水，吃的是他自己的肉，不是你的肉，你的肉还没有做成呢……"

许三观给二乐做完红烧肉以后，去问一乐："一乐想吃什么？"

一乐说："红烧肉。"

许三观有点不高兴了，他说："三个小崽子都吃红烧肉，为什么不早说？早说的话，我就一起给你们做了……我给一乐切了五片肉……"

一乐说："我要六片肉。"

"我给一乐切了六片肉，肥瘦各一半……"

一乐说："我不要瘦的，我全要肥肉。"

许三观说："肥瘦各一半才好吃。"

一乐说："我想吃肥肉，我想吃的肉里面要没有一点是瘦的。"

二乐和三乐这时也叫道："我们也想吃肥肉。"

许三观给一乐做完了全肥的红烧肉以后，给许玉兰做了一条清炖鲫鱼。他在鱼肚子里面放上几片火腿，几片生姜，几片香菇，在鱼身上抹上一层盐，浇上一些黄酒，撒上一些葱花，然后炖了一个小时，从锅里取出来时是清香四溢……

许三观绘声绘色做出来的清炖鲫鱼，使屋子里响起一片吞口水的声音，许三观就训斥儿子们："这是给你们妈做的鱼，不是给你们做的，你们吞什么口水？你们吃了那么多的肉，该给我睡觉了。"

最后，许三观给自己做一道菜，他做的是爆炒猪肝，他说："猪肝先是切成片，很小的片，然后放到一只碗里，放上一些盐，放上生粉，生粉让猪肝鲜嫩，再放上半盅黄酒，黄酒让猪肝有酒香，再放上切好的葱丝，等锅里的油一冒烟，把猪肝倒进油锅，炒一下，炒两下，炒三下……"

"炒四下……炒五下……炒六下。"

一乐、二乐、三乐接着许三观的话，一人跟着炒了一下，许三观立刻制止他们："不，只能炒三下，炒到第四下就老了，第五下就硬了，第六下那就咬不动了，三下以后赶紧把猪肝倒出来。这时候不忙吃，先给自己斟上二两黄酒，先喝一口黄酒，黄酒从喉咙里下去时热乎乎的，就像是用热毛巾洗脸一样，黄酒先把肠子洗干净了，然后再拿起一双筷子，夹一片猪肝放进嘴里……这可是神仙过的日子……"

屋子里吞口水的声音这时是又响成一片，许三观说："这爆炒猪肝是我的菜，一乐、二乐、三乐，还有你许玉兰，你们都在吞口水，你们都在抢我的菜吃。"

说着许三观高兴地哈哈大笑起来，他说："今天我过生日，大家都来尝尝我的爆炒猪肝吧。"

第二十章

生日的第二天，许三观掰着手指数了数，一家人已经喝了五十七天的玉米粥，他就对自己说：我要去卖血了，我要让家里的人吃上一顿好饭菜。

于是，许三观来到了医院，他看到李血头，心里想：全城人的脸上都是灰颜色，只有李血头的脸上还有红润；全城人脸上的肉都少了，只有李血头脸上的还和过去一样多；全城人都苦着脸，只有李血头笑嘻嘻的。

李血头笑嘻嘻地对许三观说："我认识你，你以前来卖过血，你以前来时手都提着东西,今天你怎么两手空空?"

许三观说:"我们一家五口人喝了五十七天的玉米粥,我现在除了身上的血,别的什么都没有了,我两手空空来,就是求你把我身上的血买两碗过去,我有了钱回家,就能让家里人吃上一顿好的。你帮我,我会报答你的。"

李血头问:"你怎么报答我?"

许三观说:"我现在什么都没有,我以前给你送过鸡蛋,送过肉,还送过一斤白糖。白糖你没有要,你不仅没有要,还把我骂了一顿,你说你是共产党员了,你要不拿群众一针一线。我不知道你现在又要收东西了,我一点准备都没有,我不知道怎么报答你。"

李血头说:"现在我也是没有办法了,遇上这灾荒年,我要是再不收点吃的,不收点喝的,这城里有名的李血头就饿死啦。等日子好过起来,我还是不会拿群众一针一线的。现在你就别把我当共产党员了,你就把我当一个恩人吧,俗话说滴水之恩,当涌泉相报,我也不要你涌泉相报,你就滴水相报吧,你就卖了血的钱给我几元,把零头给我,整数你拿走。"

许三观卖血以后,给了李血头五元,自己带回家三十元。他把钱放到许玉兰手里,告诉她这是卖血挣来的钱,还有五元钱给了李血头,去涌泉相报了。他还告诉许玉兰:全家已经喝了五十七天的玉米粥,再往后不能天天喝玉米粥了,往后隔三岔五地要吃些别的什么,他卖了血就有钱了,等到没钱时他就再去卖血,这身上的血就像井里的水一样,不用是这么多,天天用也是这么多。最后他说:"晚上不吃玉米粥了,晚上我们到胜利饭店去吃一顿好吃的。"

他说:"我现在没有力气,我说话声音小,你听到了吗?你听我说,我今天卖了血以后,没有喝二两黄酒,也没有吃一盘炒猪肝,所以我现在没有力气……不是我舍不得吃,我去了胜利饭店,饭店里是什么都没有,只有阳春面,饭店也在闹灾荒,从前的阳春面用的是肉汤,现在就是一碗清水,放一点酱油,连葱花都没有了,就是这样,还要一元七角钱一碗,从前一碗面只要九分钱。我现在一点力气都没有了,我卖了血都没有吃炒猪肝,我现在空着肚子,俗话说吃不饱饭睡觉来补,我现在要去睡觉了。"

说着许三观躺到了床上,他伸开手脚,闭上眼睛后继续对许玉兰说:"我现在眼前一阵阵发黑,心跳得像是没有力气似的,胃里也是一抽一抽的,想吐点什么出来,我要躺一会儿了,我要是睡三五个小时没有醒来,不要管我；我要是睡七八个小时还没有醒来，你赶紧去叫几个人，把我抬到医院里去。"

许三观睡着以后，许玉兰手里捏着三十元钱，坐到了门槛上，她看着门外空荡荡的街道，看着风将沙土吹过去，看着对面灰蒙蒙的墙壁，她对自己说："一乐把方铁匠儿子的头砸破了，他去卖了一次血；那个林大胖子摔断了腿，他也去卖了一次血，为了这么胖的一个野女人，他也舍得去卖血，身上的血又不是热出来的汗；如今一家人喝了五十七天的玉米粥，他又去卖血了，他说往后还要去卖血，要不这苦日子就过不下去了。这苦日子什么时候才能完？"

说着，许玉兰掉出了眼泪，她把钱叠好放到里面的衣服口袋里，然后举起手去擦眼泪，她先是用手心擦去脸颊上的泪水，再用手指去擦眼角的泪水。

第二十一章

到了晚上，许三观一家要去胜利饭店吃一顿好的。

许三观说："今天这日子，我们要把它当成春节来过。"

所以，他要许玉兰穿上精纺的线衣，再穿上卡其布的裤子，还有那条浅蓝底子深蓝碎花的棉袄，许玉兰听了许三观的话后，就穿上了它们；许三观还要她把纱巾围在脖子上，许玉兰就去把纱巾从箱子里找了出来；许三观让许玉兰再去洗一次脸，洗完脸以后，又要许玉兰在脸上搽一层香喷喷的雪花膏，许玉兰就搽上了香喷喷的雪花膏。当许三观要许玉兰走到街道拐角的地方，去王二胡子的小吃店给一乐买一个烤红薯时，许玉兰这次站着没有动，她说："我知道你心里在想什么，你不愿意带一乐去饭店吃一顿好吃的，你卖血挣来的钱不愿意花在一乐身上，就是因为一乐不是你儿子。一乐不是你儿子，你不带他去，我也不说了，谁也不愿意把钱花到外人身上，可是那个林大胖子不是你的女人，她没有给你生过儿子，也没有给你洗过衣服，做过饭，你把卖血挣来的钱花在她身上，你就愿意了。"

许玉兰不愿意让一乐只吃一个烤红薯，许三观只好自己去对一乐说话，他把一乐叫过来，脱下棉袄，露出左胳膊上的针眼给一乐看，问一乐："你知道这是什么吗？"

一乐说："这地方出过血。"

许三观点点头说:"你说得对,这地方是被针扎过的,我今天去卖血了。我为什么要卖血呢?就是为了能让你们吃上一顿好吃的,我和你妈,还有二乐和三乐要去饭店吃面条,你呢,就拿着这五角钱去王二胡子的小店买个烤红薯吃。"

一乐伸手接过许三观手里的五角钱,对许三观说:"爹,我刚才听到你和妈说话了,你让我去吃五角钱的烤红薯,你们去吃一元七角钱的面条。爹,我知道我不是你的亲生儿子,二乐和三乐是你的亲生儿子,所以他们吃得比我好。爹,你能不能把我当一回亲生儿子,让我也去吃一碗面条?"

许三观摇摇头说:"一乐,平日里我一点也没有亏待你,二乐、三乐吃什么,你也能吃什么。今天这钱是我卖血挣来的,这钱来得不容易,这钱是我拿命去换来的,我卖了血让你去吃面条,就太便宜那个王八蛋何小勇了。"

一乐听了许三观的话,像是明白似的点了点头,他拿着许三观给他的五角钱走到了门口,他从门槛上跨出去以后,又回过头来问许三观:"爹,如果我是你的亲生儿子,你就会带我去吃面条,是不是?"

许三观伸手指着一乐说:"如果你是我的亲生儿子,我最喜欢的就是你。"

一乐听了许三观的话,咧嘴笑了笑,然后他朝王二胡子开的小吃店走去。

王二胡子在炭盆里烤着红薯,几个烤好的红薯放在一只竹编的盘子里。王二胡子和他的女人,还有四个孩子正围着炭盆在喝粥,一乐走进去的时候,听到他们六张嘴把粥喝得哗啦哗啦响。他把五角钱递给王二胡子,然后指着盘子里最大的那个红薯说:"你把这个给我。"

王二胡子收下了他的钱,却给了他一个小的,一乐摇摇头说:"这个我吃不饱。"

王二胡子把那个小的红薯塞到一乐手里,对他说:"最大的是大人吃的,最小的就是你这样的小孩吃的。"

一乐将那个红薯拿在手里看了看,对王二胡子说:

"这个红薯还没有我的手大,我吃不饱。"

王二胡子说:"你还没有吃,怎么会知道吃不饱?"

一乐听到王二胡子这样说,觉得有道理,就点点头拿着红薯回家了。一乐回到家中时,许三观他们已经走了,他一个人在桌前坐下来,将那个还热着的红薯放在桌上，开始小心翼翼地剥下红薯的皮，他看到剥开皮以后，里面是橙黄一片，就像阳光一样。他闻到了来自红薯热烈的香味，而且在香味里就已经洋溢出了甜的滋味。他咬了一口，香和甜立刻沾满了他的嘴。

那个红薯一乐才咬了四口，就没有了。之后他继续坐在那里，让舌头在嘴里卷来卷去，使残留在嘴中的红薯继续着最后的香甜，直到满嘴都是口水。他知道红薯已经吃完了，可是他还想吃，他就去看刚才剥下来的红薯皮，他拿起一块放到嘴里，在焦糊里他仍然吃到了香甜，于是他把红薯的皮也全吃了下去。

吃完薯皮以后，他还是想吃，他就觉得自己没有吃饱，他站起来走出门去，再次来到王二胡子家开的小吃店，这时王二胡子他们已经喝完粥了，一家六口人都伸着舌头在舔着碗，一乐看到他们舔碗时眼睛都瞪圆了，一乐对王二胡子说："我没有吃饱，你再给我一个红薯。"

王二胡子说："你怎么知道自己没有吃饱？"

一乐说："我吃完了还想吃。"

王二胡子问他："红薯好吃吗？"

一乐点点头说："好吃。"

"是非常好吃呢？还是一般好吃？"

"非常好吃。"

"这就对了。"王二胡子说，"只要是好吃的东西，吃完了谁都还想吃。"

一乐觉得王二胡子说得对，就点了点头。王二胡子对他说："你回去吧，你已经吃饱了。"

于是一乐又回到了家里，重新坐在桌前，他看着空荡荡的桌子，心里还想吃。这时候他想起许三观他们来了，想到他们四个人正坐在饭店里，每个人都吃着一大碗的面条，面条热气腾腾。而他自己，只吃了一个还没有手掌大的烤红薯。他开始哭泣了，先是没有声音地流泪，接着他扑在桌子上呜呜地大哭起来。

他哭了一阵以后，又想起许三观他们在饭店里正吃着热气腾腾的面条，他立刻止住哭声，他觉得自己应该到饭店去找他们，他觉得自己也应该吃一碗热气腾腾的面条，所以他走出了家门。

这时候天已经黑了，街上的路灯因为电力不足，发出来的亮光像是蜡烛一样微弱，他在街上走得呼呼直喘气，他对自己说：快走，快走，快走。他不敢奔跑，他听许三观说过，也听许玉兰说过，吃了饭以后一跑，肚子就会跑饿。他又对自己说：不要跑，不要跑，不要跑。他低头看着自己的脚，沿着街道向西一路走去，在西边的十字路口，有一家名叫解放的饭店。在夜晚的时候，解放饭店的灯光在那个十字路口最为明亮。

　　他低着头一路催促自己快走，走过了十字路口他也没有发现，他一直走到这条街道中断的地方，再往前就是一条巷子了，他才站住脚，东张西望了一会儿，他知道自己已经走过解放饭店了，于是再往回走。往回走的时候，他不敢再低着头了，而是走一走看一看，就这样他走回到了十字路口。他看到解放饭店门窗紧闭，里面一点灯光都看不到，他心想饭店已经关门了，许三观他们已经吃完面条了。他站在一根木头电线杆的旁边，呜呜地哭了起来。这时候走过来两个人，他们说："谁家的孩子在哭？"

　　他说："是许三观家的孩子在哭。"

　　他们说："许三观是谁？"

　　他说："就是丝厂的许三观。"

　　他们又说："你一个小孩，这么晚了也不回家，快回家吧。"

　　他说："我要找我爹妈，他们上饭店吃面条了。"

　　"你爹妈上饭店了？"他们说，"那你上胜利饭店去找，这解放饭店关门都有两个月了。"

　　一乐听到他们这么说，立刻沿着北上的路走去，他知道胜利饭店在什么地方，就在胜利桥的旁边。他重新低着头往前走，因为这样走起来快。他走完了这条街道，走进一条巷子，穿过巷子以后，他走上了另外一条街道，他看到了穿过城镇的那一条河流，他沿着河流一路走到了胜利桥。

　　胜利饭店的灯光在夜晚里闪闪发亮，明亮的灯光让一乐心里涌上了欢乐和幸福，好像他已经吃上了面条一样。这时候他奔跑了起来。当他跑过了胜利桥，来到胜利饭店的门口时，却没有看到许三观、许玉兰，还有二乐和三乐。里面只有两个饭店的伙计拿着大扫把在扫地，他们已经扫到了门口。

　　一乐站在门口，两个伙计把垃圾扫到了他的脚上，他问他们："许三观他们来吃过面条了吗？"

　　他们说："走开。"

　　一乐赶紧让到一旁，看着他们把垃圾扫出来，他又问："许三观他们来吃过面条了吗？就是丝厂的许三观。"

他们说:"早走啦,来吃面条的人早就走光啦。"

一乐听他们这样说,就低着头走到一棵树的下面,低着头站了一会儿,然后坐到了地上,双手抱住自己的膝盖,又将头靠在了膝盖上,他开始哭了。他让自己的哭声越来越响,他听到这个夜晚里什么声音都没有了,风吹来吹去的声音没有了,树叶抖动的声音没有了,身后饭店里凳子搬动的声音也没有了,只有他自己的哭声在响着,在这个夜晚里飘着。

他哭了一会儿,觉得自己累了,就不再哭下去,伸手去擦眼泪,这时候他听到那两个伙计在关门了。他们关上门,看到一乐还坐在那里,就对他说:"你不回家了?"

一乐说:"我要回家。"

他们说:"要回家还不快走,还坐在这里干什么?"

一乐说:"我坐在这里休息,我刚才走了很多路,我很累,我现在要休息。"

他们走了,一乐看着他们先是一起往前走,走到前面拐角的地方,有一个转身走了进去,另一个继续往前走,一直走到一乐看不见他的地方。

然后一乐也站了起来,他开始往家里走去了。他一个人走在街道上和巷子里,听着自己走路的声音,他觉得自己越来越饿,他觉得自己像是没有吃过那个烤红薯,力气越来越没有了。

当他回到家中时,家里人都在床上睡着了,他听到许三观呼噜呼噜的鼾声,二乐翻了一个身一句梦话,只有许玉兰听到他推门进屋的声音,许玉兰说:"一乐。"

一乐说:"我饿了。"

一乐站在门口等了一会儿,许玉兰才又说:"你去哪里了?"

一乐说:"我饿了。"

又是过了一会,许玉兰说:"快睡吧,睡着了就不饿了。"

一乐还是站在那里,可是很久以后,许玉兰都没再说话,一乐知道她睡着了,她不会再对他说些什么,他就摸到床前,脱了衣服上床躺了下来。

他没有马上睡着,他的眼睛看着屋里的黑暗,听着许三观的鼾声在屋里滚动,他告诉自己:就是这个人,这个正打着呼噜的人,不让他去饭店吃面条;也是这个人,让他现在饿着肚子躺在床上;还是这个人,经常说他不是他的亲生儿子。最后,他对许三观的鼾声说:我不是你的亲生儿子,你也不是我亲爹。

第二十二章

第二天早晨,一乐喝完玉米粥以后,就抬脚跨出了门槛。那时候许三观和许玉兰还在屋子里,二乐和三乐坐在门槛上,他们看着一乐的两条腿跨了出去,从他们的肩膀旁像是胳膊似的一挥就出去了,二乐看着一乐向前走去,头也不回,就对他叫道:"一乐,你去哪里?"

一乐说:"去找我爹。"

二乐听了他的回答以后,回头往屋里看了看,他看到许三观正伸着舌头在舔碗,他觉得很奇怪,接着他咯咯笑了起来,他对三乐说:"爹明明在屋子里,一乐还到外面去找。"

三乐听了二乐的后,也跟着二乐一起咯咯笑了起来,三乐说:"一乐没有看见爹。"

这天早晨一乐向何小勇家走去了,他要去找他的亲爹,他要告诉亲爹何小勇,他不再回到许三观家里去了,哪怕许三观天天带他去胜利饭店吃面条,他也不会回去了。他要在何小勇家住下来,他不再有两个弟弟了,而是有了两个妹妹,一个叫何小英,一个叫何小红。他的名字也不叫许一乐了,应该叫何一乐。总而言之,从今往后他看到何小勇就要爹、爹、爹地一声声叫了。

一乐来到了何小勇家门口,就像他离开许三观家时,二乐和三乐坐在门槛上一样,他来到何小勇家时,何小英和何小红也坐在门槛上。两个女孩看到一乐走过来,都扭回头去看屋里了。一乐对她们说:"你们的哥哥来啦。"

于是两个女孩又把头扭回来看他了,他看到何小勇在屋里,就向何小勇叫道:"爹,我回来啦。"

何小勇从屋里出来,伸手指着一乐说:"谁是你的爹?"

随后他的手往外一挥,说:"走开。"

一乐站着没有动,他说:"爹,我今天来和上次来不一样,上次是我妈要我来的,上次我还不愿意来。今天是我自己要来的,我妈不知道,许三观也不知道。爹,我今天来了就不回去了,爹,我就在你这里住下了。"

何小勇又说:"谁是你的爹?"

一乐说:"你就是我的爹。"

"放屁。"何小勇说,"你爹是许三观。"

"许三观不是我亲爹,你才是我的亲爹。"

何小勇告诉一乐："你要是再说我是你爹，我就要用脚踢你，用拳头揍你了。"

一乐摇摇头说："你不会的。"

何小勇的邻居们都站到了门口，有几个人走过来，走过来对何小勇说："何小勇，他是你的儿子也好，不是你的儿子也好，你都不能这样对待他。"

一乐对他们说："我是他的儿子。"

何小勇的女人出来了，指着一乐对他们说："又是那个许玉兰，那个骚女人让他来的。那个骚女人今天到东家去找个野男人，明天又到西家去找个野男人，生下了野种就要往别人家里推，要别人拿钱供她的野种吃，供她的野种穿。这年月谁家的日子都过不下去，我们一家人已经几天没吃什么东西了，一家人饿了一个多月了，肚皮上的皮都要和屁股上的皮贴到一起了……"

一乐一直看着何小勇的女人，等她把话说完了，他扭过头来对何小勇说："爹，你是我的亲爹，你带我到胜利饭店去吃一碗面条。"

"你们听到了吗？"何小勇的女人对邻居们说，"他还想吃面条，我们一家人吃糠咽菜两个月了，他一来就要吃面条，还要去什么胜利饭店……"

一乐对何小勇说："爹，我知道你现在没有钱，你去医院卖血吧，卖了血你就会有钱了，卖了血你带我去吃面条。"

"啊呀！"何小勇的女人叫了起来，她说，"他还要何小勇去医院卖血，他是要我们何小勇的命啊，他想害死我们何小勇。何小勇，你还不把他赶走。"

何小勇走过去对一乐说："滚开。"

一乐没有动，他说："爹，我不走。"

何小勇一把抓住一乐的衣服领子，将一乐提了起来，走几步，何小勇提不动了，就把一乐放下，然后拖着一乐走。一乐的两只手使劲地拉住自己的衣领，半张着嘴呼哧呼哧地喘着气。何小勇拖着一乐走到巷子口才站住脚，把一乐推到墙上，伸手指着一乐的鼻子说："你要是再来，我就宰了你。"

说完，何小勇转身就走。一乐贴着墙壁站在那里，看着何小勇走回到家里，他的身体才离开了墙壁，走到了大街上，站在那里左右看了一会儿以后，他低着头向西走去。

有几个认识许三观的人，看到一个十一二岁的孩子，低着头一路向西走去，他们看到这个孩子的眼泪不停地掉到了地上，有时掉在鞋上。他们想这是谁家的孩子，哭得这么伤心，走近了一看，认出来是许三观家的一乐。

最先是方铁匠，方铁匠说："一乐，一乐你为什么哭？"

一乐说："许三观不是我的亲爹，何小勇也不是我的亲爹，我没有亲爹了，所以我就哭了。"

方铁匠说："一乐你为什么要往西走？你的家在东边。"

一乐说："我不回家了。"

方铁匠说："一乐，你快回家去。"

一乐说："方铁匠，你给我买一碗面条吃吧！我吃了你的面条，你就是我的亲爹。"

方铁匠说："一乐，你在胡说些什么？我就是给你买十碗面条，我也做不了你的亲爹。"

然后是其他人，他们也对一乐说："你是许三观家的一乐，你为什么哭？你为什么一个人往西走？你的家在东边，你快回家吧。"

一乐说："我不回家了，你们去对许三观说，说一乐不回家了。"

他们说："你不回家了，你要去哪里？"

一乐说："我不知道要去哪里，我只知道不回家了。"

一乐又说："你们谁去给我买一碗面条吃，我就做谁的亲生儿女，你们谁去买面条？"

他们去告诉许三观："许三观，你家的一乐呜呜哭着往西走了；许三观，你家的一乐不认你这个爹了；许三观，你家的一乐见人就张嘴要面条吃；许三观，你家的一乐说谁给他吃一碗面条，谁就是他的亲爹；许三观，你家的一乐到处在要亲爹，就跟要饭似的，你还不知道，你还躺在藤榻里，你还架着腿，你快去把他找回来吧。"

许三观从藤榻里站起来说："这个小崽子是越来越笨了，他找亲爹不去找何小勇，倒去找别人。他找亲爹不到何小勇家里去找，倒是往西走，越走离他亲爹的家越远。"

说完许三观重新躺到藤榻里，他们说："你怎么又躺下了，你快去把他找回来吧。"

许三观说："他要去找自己亲爹，我怎么可以去拦住他呢？"

他们听了许三观的话，觉得有道理，就不再说什么，一个一个离去了。

后来，又来了另外几个人，他们对许三观说："许三观，你知道吗？今天早晨你家的一乐去找何小勇了，一乐去认亲爹了。一乐这孩子可怜，被何小勇的女人指着鼻子骂，还骂了你女人许玉兰，骂出来的话要有多难听就有多难听。一乐可怜，被那个何小勇从家门口一直拖到巷子口。"

许三观问他们："何小勇的女人骂我了没有？"

他们说："倒是没有骂你。"

许三观说："那我就不管这么多了。"

这一天过了中午以后，一乐还没有回来，许玉兰心里着急了，她对许三观说："看到过一乐的人，都说一乐向西走了，没有一个人说他向别处走。向西走，他会走到哪里去？他已经走到乡下了，他要是再向西走，他就会忘了回家的路，他才只有十一岁。许三观，你快去把他找回来。"

许三观说："我不去。一乐这小崽子，我供他吃，供他穿，还供他念书，我对他有多好，可他这么对我，竟然背着我去找什么亲爹。那个王八蛋何小勇，对他又是骂又是打，还把他从家门口拖到巷子口，可他还要去认亲爹。我想明白了，不是自己亲生的儿子，是怎么养也养不亲。"

许玉兰就自己出门去找一乐，她对许三观说："你不是一乐的亲爹，我可是他的亲妈，我要去把他找回来。"

许玉兰一走就是半天，到了黄昏的时候，她回来了。她一进门就问许三观："一乐回来了没有？"

许三观说："没有，我一直在这里躺着，我的眼睛也一直看着这扇门，我只看见二乐和三乐进来出去，没看到一乐回来。"

许玉兰听后，眼泪掉了出来，她对许三观说："我一路往西走，一路问别人，他们都说看到一乐走过去了。我出了城，再问别人，就没有人看到过一乐了。我在城外走了一阵，就看不到别人了，没有一个人可以打听，我都不知道该往哪里走。"

说着许玉兰一转身，又出门去找一乐了。许玉兰这次走后，许三观在家里坐不住了，他站到了门外，看着天色黑下来，心想一乐这时候还不回家，就怕是出事了。这么一想，许三观心里也急上了。看着黑夜越来越浓，许三观就对二乐和三乐说："你们就在家里待着，谁也不准出去，一乐回来了，你们就告诉他，我和他妈都去找他了。"

许三观说完就把门关上，然后向西走去，走了没有几步路，他听到旁边有人在哭泣，低头一看，看到了一乐，一乐坐在邻居家凹进去的门旁，脖子一抽一抽地看着许三观，许三观急忙蹲下去："一乐，你是不是一乐？"

许三观看清了这孩子是一乐以后，就骂了起来："他妈的，你把你妈急了个半死，把我吓了个半死，你倒好，就坐在邻居家的门口。"

一乐说："爹，我饿了，我饿得一点力气都没有了。"

许三观说："活该，你饿死都是活该，谁让你走的？还说什么不回来了……"

一乐抬起手擦起了眼泪，他边擦边说："本来我是不想回来了，你不把我当亲儿子。我去找何小勇，何小勇也不把我当亲儿子，我就想不回来了……"

许三观打断他的话，许三观说："你怎么又回来了？你现在就走，现在走还来得及，你要是永远不回来了，我才高兴。"

一乐听了这话，哭得更伤心了，他说："我饿了，我困了，我想吃东西，我想睡觉，我想你就是再不把我当亲儿子，你也比何小勇疼我，我就回来了。"

一乐说着伸手扶着墙站起来，又扶着墙又要往西走。许三观说："你给我站住，你这小崽子还真要走？"

一乐站住了脚，歪着肩膀低着头，哭得身体一抖一抖的，许三观在他身前蹲下来，对他说："爬到我背上来。"

一乐爬到了许三观的背上，许三观背着他往东走去，先是走过了自己的家门，然后走进了一条巷子，走完了巷子，就走到了大街上，也就是走在那条穿过小城的河流旁。许三观嘴里不停地骂着一乐："你这个小崽子，小王八蛋，小混蛋，我总有一天要被你活活气死。你他妈的想走就走，还见了人就说，全城的人都以为我欺负你了，都以为我这个后爹天天揍你，天天骂你。我养了你十一年，到头来我才是个后爹，那个王八蛋何小勇一分钱都没出，反倒是你的亲爹。谁倒霉也不如我倒霉，下辈子我死也不做你的爹了，下辈子你做我的后爹吧。你等着吧，到了下辈子，我要把你折腾得死去活来……"

一乐看到了胜利饭店明亮的灯光，他小心翼翼地问许三观："爹，你是不是要带我去吃面条？"

许三观不再骂一乐了，他突然温和地说道："是的。"

赏读

《许三观卖血记》讲述了一个令人感到悲伤的故事。许三观为了他的妻子、孩子、家庭,每每在关键时刻一次又一次地卖血求生。

这绝不是一个荒诞的故事。身处社会底层的主人公许三观,在苦难的生活中,通过卖血来度过一系列人生危机;同时,卖血将导致他新的人生危机的到来。

这是一部有关苦难的叙事。中国民众的生活,尤其是在社会底层的普通百姓的生活,是当代文学、当下文学所忽视的,文学"高大上"的头颅只是向上,绝不向下。然而,正是这些普通的中国民众构成了这个国家庞大的肌体,成为这个国家的脊梁。他们是本分的小民,想的只是能够过上属于自己的幸福生活,没有什么"奢想"。小说欢快地描写了许三观一家人在公共食堂吃大锅饭的快感,就是一个最好的说明。小说的主人公许三观最大的物质满足感就是能够在胜利饭店吃上一碗面条。或许在城里的许多普通的劳动者看来,这就是他们的"奢想"了。受限于体制,许三观只能依靠在丝厂做工时的工资维持家庭的生活。大儿子打架砸破了对方孩子的头,无钱赔付对方的医药费,只得让人家拉车将自己的家当拉走赔付,而所有的家当也不过值35元钱。因此,许三观只能依靠卖血渡过家庭的生存难关。

问题是卖血并不是一件技术性的事情。传统的中国人连毛发这样细小的东西都视为父母的心血而珍惜,更何况血液这样的涉及人的精气神的存在。一旦丢失了血液,相当于整个人都废了。当一乐要求自己的亲爹何小勇也像许三观一样去卖血,为自己的孩子买上一碗面条时,人们的反应程度之强烈可想而知。因此,卖血渡过生活的难关就不再是生存的问题,而是上升到了道德的问题。在这点上,许三观已然是道德的沦丧者。于是,表面上看,《许三观卖血记》讲述的是普通中国民众百姓生活的故事,实则已经上升到人的道德层面上,挖掘出生活的真实内在。

这是一部有关人性的叙事。作为苦难生活承受者的许三观,其无产劳动者的身份和在社会底层生活的境遇,使其拥有无产者的一切品质。他可以很粗鲁蛮横,也可以很善良多情,底子里是人性的善良。他游刃有余地生活在自己的世界里,小日子有时也过得有滋有味。但是,苦难的生活压力也让他做出了某些有违人伦的举动,好在他知错能改。他对于非婚生的儿子一乐又爱又恨，爱的是养活了 11 年，太有感情了；恨的是一乐给他带来耻辱。所以，每每在关键的时刻许三观就抛弃了这个孩子，希望他能够自生自灭，或是自寻生路，这点也是绝情。许三观卖血后，带上自己的婚生孩子二乐、三乐去胜利饭店吃面条，让一乐自己去吃烤红薯。就为这件事，一乐闹出了满城的轩然大波，甚至要离家出走。当许三观知道后，顿时懊悔不已，亲自出门寻找走失一天的一乐。此时，人性被极度地放射出炫目的光芒。

从此以后，许三观为了一乐做出很大的牺牲。他让一乐为自己的亲爹何小勇"叫魂"；在一乐患重病治疗期间，他周转于医院所在地的周边地区，为的是能够卖血，还钱救治孩子的病，自己几乎倒在卖血的路上，命都差点没了。

这两点构成了《许三观卖血记》的核心观点。它不仅仅是一种生活的表现，更是一种生活的揭示，暴露出生活的荒诞性。当苦难的日子终于过去后，三个儿子都有了自己的生活，许三观没有了生活的负担，他可以真正为自己活着的时候，他又想起了卖血。只是这一次的卖血的意义不同于以往。以前许三观是为了家庭的存在卖血，虽然每一次卖血后许三观都可以独自享受一次"爆炒猪肝"和"二两黄酒"的超级待遇；现在他是为自己卖血，可以安静地享受卖血后的物质丰收。但是，血站不再接受许三观卖血了，他的血液没有用处了。此时，物质、人伦、道德纠结的再一次交锋，将生活的苍白又一次展现出来，作品的社会批判力再一次得到彰显。

"我这辈子就是今天吃得最好。"还有什么能比这句话更让人潸然泪下！

延伸阅读

余华：《活着》，北京：作家出版社 2010 年版。

呼兰河传（节选）①

萧 红

1

呼兰河这小城里边住着我的祖父。

我生的时候，祖父已经六十多岁了，我长到四五岁，祖父就快七十了。

我家有一个大花园，这花园里蜂子、蝴蝶、蜻蜓、蚂蚱，样样都有。蝴蝶有白蝴蝶、黄蝴蝶。这种蝴蝶极小，不太好看。好看的是大红蝴蝶，满身带着金粉。

蜻蜓是金的，蚂蚱是绿的，蜂子则嗡嗡地飞着，满身绒毛，落到一朵花上，胖圆圆地就和一个小毛球似的不动了。

花园里边明晃晃的，红的红，绿的绿，新鲜漂亮。

据说这花园，从前是一个果园。祖母喜欢吃果子就种了果园。祖母又喜欢养羊，羊就把果树给啃了。果树于是都死了。到我有记忆的时候，园子里就只有一棵樱桃树，一棵李子树，

---

① 选自《萧红文萃》（文化艺术出版社2002年版），有改动。萧红（1911—1942），黑龙江哈尔滨人。著有《生死场》《呼兰河传》等作品。

因为樱桃和李子都不大结果子，所以觉得它们是并不存在的。小的时候，只觉得园子里边就有一棵大榆树。

这榆树在园子的西北角上，来了风，这榆树先啸，来了雨，大榆树先就冒烟。太阳一出来，大榆树的叶子就发光了，它们闪烁得和沙滩上的蚌壳一样了。

祖父一天都在后园里边，我也跟着祖父在后园里边。祖父戴一个大草帽，我戴一个小草帽，祖父栽花，我就栽花；祖父拔草，我就拔草。当祖父下种，种小白菜的时候，我就跟在后边，把那下了种的土窝，用脚一个一个地溜平，哪里会溜得准，东一脚的，西一脚的瞎闹。有的把菜种不单没被土盖上，反而把菜种踢飞了。

小白菜长得非常之快，没有几天就冒了芽了，一转眼就可以拔下来吃了。

祖父铲地，我也铲地；因为我太小，拿不动那锄头杆，祖父就把锄头杆拔下来，让我单拿着那个锄头的"头"来铲。其实哪里是铲，也不过趴在地上，用锄头乱勾一阵就是了。也认不得哪个是苗，哪个是草。往往把韭菜当作野草一起地割掉，把狗尾草当作谷穗留着。

等祖父发现我铲的那块满留着狗尾草的一片，他就问我："这是什么？"

我说："谷子。"

祖父大笑起来，笑得够了，把草摘下来问我："你每天吃的就是这个吗？"

我说："是的。"

我看着祖父还在笑，我就说："你不信，我到屋里拿来你看。"

我跑到屋里拿了鸟笼上的一头谷穗，远远地就抛给祖父了。说："这不是一样的吗？"

祖父慢慢地把我叫过去，讲给我听，说谷子是有芒针的。狗尾草则没有，只是毛嘟嘟的真像狗尾巴。

祖父虽然教我，我看了也并不细看，也不过马马虎虎承认下来就是了。一抬头看见了一个黄瓜长大了，跑过去摘下来，我又去吃黄瓜去了。

黄瓜也许没有吃完，又看见了一个大蜻蜓从旁飞过，于是丢了黄瓜又去追蜻蜓去了。蜻蜓飞得多么快，哪里会追得上。好在一开初也没有存心一定追上，所以站起来，跟了蜻蜓跑了几步就又去做别的去了。

采一个倭瓜花心，捉一个大绿豆青蚂蚱，把蚂蚱腿用线绑上，绑了一会，也许把蚂蚱腿就绑掉，线头上只拴了一只腿，而不见蚂蚱了。

玩腻了，又跑到祖父那里去乱闹一阵，祖父浇菜，我也抢过来浇，奇怪的就是并不往菜上浇，而是拿着水瓢，拼尽了力气，把水往天空里一扬，大喊着："下雨了，下雨了。"

太阳在园子里是特大的，天空是特别高的，太阳的光芒四射，亮得使人睁不开眼睛，亮得蚯蚓不敢钻出地面来，蝙蝠不敢从什么黑暗的地方飞出来。是凡在太阳下的，都是健康的、漂亮的，拍一拍连大树都会发响的，叫一叫就是站在对面的土墙都会回答似的。

花开了，就像花睡醒了似的。鸟飞了，就像鸟上天了似的。虫子叫了，就像虫子在说话似的。一切都活了。都有无限的本领，要做什么，就做什么。要怎么样，就怎么样。都是自由的。倭瓜愿意爬上架就爬上架，愿意爬上房就爬上房。黄瓜愿意开一个谎花，就开一个谎花，愿意结一个黄瓜，就结一个黄瓜。若都不愿意，就是一个黄瓜也不结，一朵花也不开，也没有人问它。玉米愿意长多高就长多高，它若愿意长上天去，也没有人管。蝴蝶随意的飞，一会从墙头上飞来一对黄蝴蝶，一会又从墙头上飞走了一个白蝴蝶。它们是从谁家来的，又飞到谁家去？太阳也不知道这个。

只是天空蓝悠悠，又高又远。

可是白云一来了的时候，那大团的白云，好像洒了花的白银似的，从祖父的头上经过，好像要压到了祖父的草帽那么低。

我玩累了，就在房子底下找个阴凉的地方睡着了。不用枕头，不用席子，把草帽遮在脸上就睡了。

2

祖父的眼睛是笑盈盈的，祖父的笑，常常笑得和孩子似的。

祖父是个长得很高的人，身体很健康，手里喜欢拿着个手杖。嘴上则不住地抽着旱烟管，遇到了小孩子，每每喜欢开个玩笑，说："你看天空飞个家雀。"

趁那孩子往天空一看，就伸出手去把那孩子的帽给取下来了，有的时候放在长衫的下边，有的时候放在袖口里头。他说："家雀叼走了你的帽啦。"

孩子们都知道了祖父的这一手了，并不以为奇，就抱住他的大腿，向他要帽子，摸着他的袖管，撕着他的衣襟，一直到找出帽子来为止。

祖父常常这样做，也总是把帽放在同一的地方，总是放在袖口和衣襟下。那些搜索他的孩子没有一次不是在他衣襟下把帽子拿出来的，好像他和孩子们约定了似的："我就放在这块，你来找吧！"

这样的不知做过了多少次，就像老太太永久讲着"上山打老虎"这一个故事给孩子们听似的，哪怕是已经听过了五百遍，也还是在那里回回拍手，回回叫好。

每当祖父这样做一次的时候，祖父和孩子们都一齐地笑得不得了，好像这戏还像第一次演似的。

别人看了祖父这样做，也有笑的，可不是笑祖父的手法好，而是笑他天天使用一种方法抓掉了孩子的帽子，这未免可笑。

祖父不怎样会理财，一切家务都由祖母管理。祖父只是自由自在地一天闲着；我想，幸好我长大了，我三岁了，不然祖父该多寂寞。我会走了，我会跑了。我走不动的时候，祖父就抱着我；我走动了，祖父就拉着我。一天到晚，门里门外，寸步不离，而祖父多半是在后园里，于是我也在后园里。

……

我拉着祖父就到后园里去了，一到了后园里，立刻就是另一个世界了。决不是那房子里的狭窄的世界，而是宽广的，人和天地在一起，天地是多么大，多么远，用手摸不到天空。而土地上所长的又是那么繁华，一眼看上去，是看不完的，只觉得眼前鲜绿的一片。

一到后园里，我就没有对象地奔了出去，好像我是看准了什么而奔去了似的，好像有什么在那儿等着我似的。其实我是什么目的也没有。只觉得这园子里边无论什么东西都是活的，好像我的腿也非跳不可了。

若不是把全身的力量跳尽了，祖父怕我累了想招呼住我，那是不可能的，反而他越招呼，我越不听话。

等到自己实在跑不动了，才坐下来休息，那休息也是很快的，也不过随便在秧子上摘下一个黄瓜来，吃了也就好了。

休息好了又是跑。

樱桃树，明明没有结樱桃，就偏跑到树上去找樱桃。李子树是半死的样子了，本不结李子的，就偏去找李子。一边在找，还一边大声地喊，在问着祖父："爷爷，樱桃树为什么不结樱桃？"

祖父老远的回答着："因为没有开花，就不结樱桃。"

再问："为什么樱桃树不开花？"

祖父说："因为你嘴馋，它就不开花。"

我一听了这后，明明是嘲笑我的话，于是就飞奔着跑到祖父那里，似乎是很生气的样子。等祖父把眼睛一抬，他用了完全没有恶意的眼睛一看我，我立刻就笑了。而且是笑了半天的工夫才能够止住，不知哪里来了那许多的高兴。后园一时都让我搅乱了，我笑的声音不知有多大，自己都感到震耳了。

后园中有一棵玫瑰，一到五月就开花的，一直开到六月。花朵和酱油碟那么大，开得很茂盛，满树都是。因为花香，招来了很多的蜂子，嗡嗡地在玫瑰树那儿闹着。

别的一切都玩厌了的时候，我就想起来去摘玫瑰花，摘了一大堆把草帽脱下来用帽兜子盛着。在摘那花的时候，有两种恐惧，一种是怕蜂子的勾刺人，另一种是怕玫瑰的刺刺手。好不容易摘了一大堆，摘完了可又不知道做什么了。忽然异想天开，这花若给祖父戴起来该多好看。

祖父蹲在地上拔草，我就给他戴花。祖父只知道我是在捉弄他的帽子，而不知道我到底是在干什么。我把他的草帽给他插了一圈的花，红通通的二三十朵。我一边插着一边笑，当我听到祖父说："今年春天雨水大，咱们这棵玫瑰开得这么香。二里路也怕闻得到的。"

就把我笑得哆嗦起来。我几乎没有支持的能力再插上去。等我插完了，祖父还是安然的不晓得。他还照样地拔着垅上的草。我跑得很远的站着，我不敢往祖父那边看，一看就想笑。所以我借机进屋去找一点吃的来，还没有等我回到园中，祖父也进屋来了。

那满头红通通的花朵，一进来祖母就看见了。她看见什么也没说，就大笑了起来。父亲母亲也笑了起来，而以我笑得最厉害，我在炕上打着滚笑。

祖父把帽子摘下来一看，原来那玫瑰的香并不是因为今年春天雨水大的缘故，而是那花就顶在他的头上。

他把帽子放下，他笑了十多分钟还停不住，过一会一想起来，又笑了。

祖父刚有点忘记了，我就在旁边提着说："爷爷……今年春天雨水大呀……"

一提起，祖父的笑就来了。于是我也在炕上打起滚来。

就这样一天一天的，祖父，后园，我，这三样是一样也不可缺少的了。

刮了风，下了雨，祖父不知怎样，在我却是非常寂寞的了。去没有去处，玩没有玩的，觉得这一天不知有多少日子那么长。

7

祖母死了，我就跟祖父学诗。因为祖父的屋子空着，我就闹着一定要睡在祖父那屋。

早晨念诗，晚上念诗，半夜醒了也是念诗。念了一阵，念困了再睡去。

祖父教我的有《千家诗》，并没有课本，全凭口头传诵，祖父念一句，我就念一句。

祖父说："少小离家老大回……"

我也说："少小离家老大回……"

都是些什么字，什么意思，我不知道，只觉得念起来那声音很好听。所以很高兴地跟着喊。我喊的声音，比祖父的声音更大。

我一念起诗来，我家的五间房都可以听见，祖父怕我喊坏了喉咙，常常警告我说："房盖被你抬走了。"

听了这笑话，我略微笑了一会工夫，过不了多久，就又喊起来了。

夜里也是照样地喊，母亲吓唬我，说再喊她要打我。

祖父也说："没有你这样念诗的，你这不叫念诗，你这叫乱叫。"

但我觉得这乱叫的习惯不能改，若不让我叫，我念它干什么。每当祖父教我一个新诗，一开头我若听了不好听，我就说："不学这个。"

祖父于是就换一个，换一个不好，我还是不要。

"春眠不觉晓，处处闻啼鸟。夜来风雨声，花落知多少。"

这一首诗，我很喜欢，我一念到第二句，"处处闻啼鸟"那处处两字，我就高兴起来了。觉得这首诗，实在是好，真好听，"处处"该多好听。

还有一首我更喜欢的："重重叠叠上楼台，几度呼童扫不开。刚被太阳收拾去，又为明月送将来。"

就这"几度呼童扫不开"，我根本不知道什么意思，就念成"西沥忽通扫不开"。

越念越觉得好听，越念越有趣味。

当客人来了，祖父总是呼我念诗的，我就总喜念这一首。

那客人不知听懂了与否，只是点头说好。

8

就这样瞎念，到底不是久计。念了几十首之后，祖父开讲了。

"少小离家老大回，乡音无改鬓毛衰。"

祖父说："这是说小时候离开了家到外边去，老了回来了。乡音无改鬓毛衰，这是说家乡的口音还没有改变，胡子可白了。"

我问祖父："为什么小的时候离家？离家到哪里去？"

祖父说："好比爷爷像你那么大离家，现在老了回来了，谁还认识呢？儿童相见不相识，笑问客从何处来。小孩子见了就招呼着说：你这个白胡老头，是从哪里来的？"

我一听觉得不大好，赶快就问祖父："我也要离家的吗？等我胡子白了回来，爷爷你也不认识我了吗？"

心里很恐惧。

祖父一听就笑了："等你老了还有爷爷吗？"

祖父说完了，看我还是不很高兴，他又赶快说："你不离家的，你哪里能够离家……快再念一首诗吧！念春眠不觉晓……"

我一念起"春眠不觉晓"来，又是满口大叫，得意极了。完全高兴，什么都忘了。

但从此再读新诗，一定要先讲的，没有讲过的也要重讲。似乎那大嚷大叫的习惯稍稍好了一点。

"两个黄鹂鸣翠柳，一行白鹭上青天。"

这首诗本来我也很喜欢的，黄梨是很好吃的。经祖父这一讲，说是两个鸟。于是就不喜欢了。

"去年今日此门中，人面桃花相映红。人面不知何处去，桃花依旧笑春风。"

这首诗祖父讲了我也不明白，但是我喜欢这首。因为其中有桃花。桃树一开了花不就结桃吗？桃子不是好吃吗？

所以每念完这首诗，我就接着问祖父："今年咱们的樱桃树开不开花？"

9

除了念诗之外，还很喜欢吃。

记得大门洞子东边那家是养猪的,一个大猪在前边走,一群小猪跟在后边。有一天一只小猪掉到井里,人们用抬土的筐子把小猪从井里吊了上来。吊上来,那小猪早已死了。井口旁边围了很多人看热闹,祖父和我也在旁边看。

　　那小猪一被打上来,祖父就说他要那小猪。

　　祖父把那小猪抱到家里,用黄泥裹起来,放在灶坑里烧上了,烧好了给我吃。

　　我站在炕沿旁边,那整个的小猪,就摆在我的眼前,祖父把那小猪一撕开,立刻就冒了油,真香。我从来没有吃过那么香的东西,从来没有吃过那么好吃的东西。

　　第二次,又有一只鸭子掉到井里,祖父也用黄泥包起来,烧上给我吃了。

　　在祖父烧的时候,我也帮着忙,帮着祖父搅黄泥,一边喊着,一边叫着,好像拉拉队似的给祖父助兴。

　　鸭子比小猪更好吃,那肉是不怎样肥的。所以我最喜欢吃鸭子。

　　我吃,祖父在旁边看着。祖父不吃。等我吃完了,祖父才吃。他说我的牙齿小,怕我咬不动,先让我选嫩的吃,我吃剩了的他才吃。

　　祖父看我每咽下去一口,他就点一下头,而且高兴地说"这小东西真馋",或是"这小东西吃得真快"。

　　我的手满是油,随吃随在大襟上擦着,祖父看了也并不生气,只是说:"快沾点盐吧,快沾点韭菜花吧,空口吃不好,等会要反胃的……"

　　说着就捏几颗盐粒放在我手上拿着的鸭子肉上。我一张嘴又进肚去了。

　　祖父越称赞我能吃,我越吃得多。祖父看看不好了,怕我吃多了。让我停下,我才停下来。我明明白白的是吃不下去了,可是我嘴里还说着:"一个鸭子还不够呢!"

　　自此吃鸭子的印象非常之深,等了好久,鸭子再不掉到井里,我看井沿有一群鸭子,我拿了秫秆就往井里边赶,可是鸭子不进去,围着井口转,而且呱呱地叫着。我就招呼了在旁边看热闹的小孩子,我说:"帮我赶哪!"

　　正在吵吵叫叫的时候,祖父奔到了,祖父说:"你在干什么?"

　　我说:"赶鸭子,鸭子掉井,捞出来好烧了吃。"

　　祖父说:"不用赶了,爷爷抓个鸭子给你烧着。"

我不听他的话，我还是追在鸭子的后边跑着。

祖父上前来把我拦住了，抱在怀里，一面给我擦着汗一面说："跟爷爷回家，抓个鸭子烧上。"

我想：不掉井的鸭子，抓都抓不住，可怎么能规规矩矩贴起黄泥来让烧呢？于是我从祖父的身上往下挣扎着，喊着："我要掉井的！我要掉井的！"

祖父几乎抱不住我了。

赏读

1911年农历五月初五，萧红出身于黑龙江省哈尔滨市呼兰区一个封建地主家庭。这个出生于端午节的女孩并没有得到父母尤其是父亲的关爱，加之8岁时母亲染病身故，父亲续弦，萧红的童年并不快乐。所幸这个家庭还有一个人宠爱她，那就是萧红的祖父，这是对萧红在父母感情方面空缺的一种填补。萧红曾在《呼兰河传》里这样描述祖父："祖父的眼睛是笑盈盈的，祖父的笑，常常笑得和孩子似的"，"他喜欢孩子，喜欢和孩子开玩笑，他把孩子的帽子取出来，藏在他长衫的下边，或放在袖口里头……"从这些句子中可以看得出萧红的祖父不但有爱心还有童心。可惜这种欢乐并不长久，萧红20岁时，祖父离世，萧红离家出走。一个渴望爱又渴望自由的人从此踏上了寻找又一次失去的人生旅途。贫困、漂泊，渴望爱又不断被爱伤害，追求自由又时时不自由，这就是极富才情的萧红短暂一生的关键词。但是，萧红热爱生活，懂得快乐，故乡纵有千般不足，但祖父的后花园给了萧红童年的所有快乐，祖父的陪伴弥补了萧红童年缺失的幸福。

张家有一个大花园。大花园里姹紫嫣红、五彩缤纷、新鲜漂亮：有蜂子、蝴蝶、蜻蜓、蚂蚱，有樱桃树、榆树，有花，有各式菜，有各种鸟……再繁盛的花园没有小孩的青睐依然是寂寞的，有小孩的奔跑玩闹的花园才是天堂，正如百草园之于童年鲁迅，那是孩童的自由最彻底的释放。否则，就是后花园之于杜丽娘，对着满目春光顾影自怜。天真烂漫的幼年萧红跟着祖父在这里除草，拿着没有锄把的锄"头"锄掉菜畦上的韭菜；跟着祖父种白菜，踢飞了菜种，留下了一畦凌乱的泥土；摘一个没长大的黄瓜，再采一个倭瓜花心，对着天空扬水而口中大喊着"下雨了，下雨了"……这些淘气的破坏对于一个追求实用的勤劳农民来说都是无法长时间忍受的，轻则批评、重则挨打，更重者也许就是永远逐出花园。可是，萧红的祖父不是，没有斥责甚至也没有长辈式的耐心教导。他是她的玩伴，一个主动拉低"智商"的老顽童爷爷，慈爱不是长辈的俯视，是心心相印的感受，感受着孩子的欢乐幸福，感受着孩子的自由奔放。太阳底下的物种都是健康的、漂亮的，太阳般的童心是欢乐的，自由任性，随心所欲。

童年的萧红就如一棵黄瓜藤，"愿意开一个谎花，就开一个谎花，愿意结一个黄瓜，就结一个黄瓜。若都不愿意，就是一个黄瓜也不结，一朵花也不开，也没有人问它"，唤醒自由，挡住园外的阴暗。在园子里，萧红感受着自然的活力生机，遐想宇宙的高远。祖父是她的玩伴，天空是她的知己，人和人，人和自然，浑然天成，一块明亮的绸布，遮住了阴暗，留下了美丽、自由、温暖，这就是"祖父和我"撼人心魄之处。

《呼兰河传》可说是一部自传体小说，其中探讨的当然不止于如她一般命途多舛的女性命运，不止于私人经验的复述，但她的小说语言极具个人化特色，明亮、自然、率真，在表达上擅长调动长短句、整散句，其中韵味正如散文诗，节奏有变化，令人回味无穷。

延伸阅读 萧红：《呼兰河传》，西安：陕西师范大学出版社 2009 年版。

赋得永久的悔[1]

季羡林

  题目是韩小蕙小姐出的,所以名之曰"赋得"。但文章是我心甘情愿作的,所以不是八股。

  我为什么心甘情愿作这样一篇文章呢?一言以蔽之,题目出得好,不但实获我心,而且先获我心:我早就想写这样一篇东西了。

  我已经到了望九之年。在过去的七八十年中,从乡下到城里;从国内到国外;从小学、中学、大学到洋研究院;从"志于学"到超过"从心所欲不逾矩",曲曲折折,坎坎坷坷。既走过阳关大道,也走过独木小桥;既经过"山重水复疑无路",又看到"柳暗花明又一村"。喜悦与忧伤并驾,失望与希望齐飞,我的经历可谓多矣。要讲后悔之事,那是俯拾皆是。要选其中最深切、最真实、最难忘的悔,也就是永久的悔,那也是唾手可得,因为它片刻也没有离开过我的心。

  我这永久的悔就是:不该离开故乡,离开母亲。

---

[1] 选自《季羡林散文精选》(当代中国出版社 2016 年版),有改动。季羡林(1911—2009),山东临清人,著有《朗润集》《留德十年》等作品。

我出生在鲁西北一个极端贫困的村庄里。我们家是贫中之贫，真可以说是贫无立锥之地。"十年浩劫"中，我自己跳出来反对北大那一位倒行逆施但又炙手可热的"老佛爷"，被她视为眼中钉，必欲除之而后快。她手下的小喽啰们曾两次窜到我的故乡，处心积虑把我"打"成地主，他们那种狗仗人势穷凶极恶的教师爷架子，并没有能吓倒我的乡亲。我小时候的一位伙伴指着他们的鼻子，大声说："如果让整个官庄来诉苦的话，季羡林家是第一家！"

这一句话并没有夸大，他说的是实情。我祖父母早亡，留下了我父亲等三个兄弟，孤苦伶仃，无依无靠。最小的十叔送了人。我父亲和九叔饿得没有办法，只好到别人家的枣林里去捡落到地上的干枣充饥。这当然不是长久之计。最后兄弟俩被逼背乡离井，盲流到济南去谋生。此时他俩也不过十几二十岁。在举目无亲的大城市里，必然是经过千辛万苦，九叔在济南落住了脚。于是我父亲就回到了故乡，说是农民，但又无田可耕。又必然是经过千辛万苦，九叔从济南有时寄点儿钱回家，父亲赖以生活。不知怎么一来，竟然寻（读 xin）上了媳妇，她就是我的母亲。母亲的娘家姓赵，门当户对，她家穷得同我们家差不多，否则也决不会结亲。她家里饭都吃不上，哪里有钱、有闲上学。所以我母亲一个字也不识，活了一辈子，连个名字都没有。她家是在另一个庄上，离我们庄五里路。这个五里路就是我母亲毕生所走的最长的距离。

北京大学那一位"老佛爷"要"打"成"地主"的人，也就是我，就出生在这样一个家庭里，就有这样一位母亲。

后来我听说，我们家确实也"阔"过一阵。大概在清末民初，九叔在东三省用口袋里剩下的最后五角钱，买了十分之一的湖北水灾奖券，中了奖。兄弟俩商量，要"富贵而归故乡"，回家扬一下眉，吐一下气。于是把钱运回家，九叔仍然留在城里，乡里的事由父亲一手张罗，他用荒唐离奇的价钱，买了砖瓦，盖了房子。又用荒唐离奇的价钱，置了一块带一口水井的田地。一时兴会淋漓，真正扬眉吐气了。可惜好景不长，我父亲又用荒唐离奇的方式，仿佛宋江一样，豁达大度，招待四方朋友。一转瞬间，盖成的瓦房又拆了卖砖、卖瓦。有水井的田地也改变了主人。全家又回归到原来的情况。我就是在这个时候，在这样的情况下降生到人间来的。

母亲当然亲身经历了这个巨大的变化。可惜，当我同母亲住在一起的时候，我只有几岁，告诉我，我也不懂。所以，我们家这一次陡然上升，又陡然下降，只像是昙花一现，我到现在也不完全明白。这个谜恐怕要成为永恒的谜了。

不管怎样，我们家又恢复到从前那种穷困的情况。后来听人说，我们家那时只有半亩多地。这半亩多地是怎么来的，我也不清楚。一家三口人就靠这半亩多地生活。城里的九叔当然还会给点儿接济，然而像中湖北水灾奖那样的事儿，一辈子有一次也不算少了。九叔没有多少钱接济他的哥哥了。

家里日子是怎样过的，我年龄太小，说不清楚。反正吃得极坏，这个我是懂得的。按照当时的标准，吃"白的"（指麦子面）最高，其次是吃小米面或棒子面饼子，最次是吃红高粱饼子，颜色是红的，像猪肝一样。"白的"与我们家无缘。"黄的"（小米面或棒子面饼子颜色都是黄的）与我们缘分也不大。终日为伍者只有"红的"。这"红的"又苦又涩，真是难以下咽。但不吃又害饿，我真有点谈"红"色变了。

但是，小孩子也有小孩子的办法。我祖父的堂兄是一个举人，他的夫人我喊她奶奶。他们这一支是有钱有地的。虽然举人死了，但家境依然很好。我这一位大奶奶仍然健在。她的亲孙子早亡，所以把全部的钟爱都倾注到我身上来。她是整个官庄能够吃"白的"的仅有的几个人中之一。她不但自己吃，而且每天都给我留出半个或者四分之一个白面馍馍来。我每天早晨一睁眼，立即跳下炕来向村里跑，我们家住在村外。我跑到大奶奶跟前，清脆甜美地喊上一声："奶奶！"她立即笑得合不上嘴，把手缩回到肥大的袖子里，从口袋里掏出一小块馍馍，递给我，这是我一天最幸福的时刻。

此外，我也偶尔能够吃一点儿"白的"，这是我自己用劳动换来的。一到夏天麦收季节，我们家根本没有什么麦子可收。对门住的宁家大婶子和大姑——她们家也穷得够呛——就带我到本村或外村富人的地里去"拾麦子"。所谓"拾麦子"就是别家的长工割过麦子，总还会剩下那么一点点麦穗，这些都是不值得一捡的，我们这些穷人就来"拾"。因为剩下的决不会多，我们拾上半天，也不过拾半篮子，然而对我们来说，这已经是如获至宝了。一定是大婶和大姑对我特别照顾，以一个四五岁、五六岁的孩子，拾上一个夏天，也能拾上十斤八斤麦粒。这些都是母亲亲手搓出来的。为了对我加以奖励，麦季过后，母亲便把麦子磨成面，蒸成馍馍，或贴成白面饼子，让我解馋。我于是就大快朵颐了。

记得有一年，我拾麦子的成绩也许是有点儿"超常"。到了中秋节——农民嘴里叫"八月十五"——母亲不知从哪里弄了点儿月饼，给我掰了一块，我就蹲在一块石头旁边，大吃起来。在当时，对我来说，月饼可真是神奇的东西，龙肝凤髓也难以比得上的，我难得吃一次。我当时并没有注意，母亲是否也在吃。现在回想起来，她根本一口也没有吃。不但是月饼，连其他"白的"，母亲从来都没有尝过，都留给我吃了。她大概是毕生就与红色的高粱饼子为伍。到了歉年，连这个也吃不上，那就只有吃野菜了。

至于肉类，吃的回忆似乎是一片空白。我老娘家隔壁是一家卖煮牛肉的作坊。给农民劳苦耕耘了一辈子的老黄牛，到了老年，耕不动了，几个农民便以极其低的价钱买来，用极其野蛮的办法杀死，把肉煮烂，然后卖掉。老牛肉难煮，实在没有办法，农民就在肉锅里小便一通，这样肉就好烂了。农民心肠好，有了这种情况，就昭告四邻："今天的肉你们别买！"老娘家穷，虽然极其疼爱我这个外孙，也只能用土罐子，花几个制钱，装一罐子牛肉汤，聊胜于无。记得有一次，罐子里多了一块牛肚子，这就成了我的专利。我舍不得一气吃掉，就用生了锈的小铁刀，一块一块地割着吃，慢慢地吃。这一块牛肚真可以同月饼媲美了。

"白的"、月饼和牛肚难得，"黄的"怎样呢？"黄的"也同样难得。但是，尽管我只有几岁，我却也想出了办法。到了春、夏、秋三个季节，庄外的草和庄稼都长起来了。我就到庄外去割草，或者到人家高粱地里去劈高粱叶。劈高粱叶，田主不但不禁止，而且还欢迎；因为叶子一劈，通风情况就能改进，高粱长得就能更好，粮食打得就能更多。草和高粱叶都是喂牛用的。我们家穷，从来没有养过牛。我二大爷家是有地的，经常养着两头大牛。我这草和高粱叶就是给它们准备的。每当我这个不到三块豆腐高的孩子背着一大捆草或高粱叶走进二大爷的大门，我心里有所恃而不恐，把草放在牛圈里，赖着不走，总能蹭上一顿"黄的"吃，不会被二大娘"卷"（我们那里的土话，意思是"骂"）出来。到了过年的时候，自己心里觉得，在过去的一年里，自己喂牛立了功，又有了勇气到二大爷家里赖着吃黄面糕。黄面糕是用黄米面加上枣蒸成的。颜色虽黄，却位列"白的"之上，因为一年只在过年时吃一次，物以稀为贵，于是黄面糕就贵了起来。

我上面讲的全是吃的东西。为什么一讲到母亲就讲起吃的东西来了呢？原因并不复杂。第一，我作为一个孩子容易关心吃的东西。第二，所有我在上面提到的好吃的东西，几乎都与母亲无缘。除了"黄的"以外，其余她都不沾边儿。我在她身边只待到六岁，以后两次奔丧回家，待的时间也很短。

现在我回忆起来，连母亲的面影都是迷离模糊的，没有一个清晰的轮廓。特别有一点，让我难解而又易解：我无论如何也回忆不起母亲的笑容来，她好像是一辈子都没有笑过。家境贫困，儿子远离，她受尽了苦难，笑容从何而来呢？有一次我回家听对面的宁大婶子告诉我说："你娘经常说：'早知道送出去回不来，我无论如何也不会放他走的！'"简短的一句话里面含着多少辛酸，多少悲伤啊！母亲不知有多少日日夜夜，眼望远方，盼望自己的儿子回来啊！然而这个儿子却始终没有归去，一直到母亲离开这个世界。

对于这个情况，我最初懵懵懂懂，理解得并不深刻。到了上高中的时候，自己大了几岁，逐渐理解了。但是自己寄人篱下，经济不能独立，空有雄心壮志，怎奈无法实现，我暗暗地下定了决心，立下了誓愿：一旦大学毕业，自己找到工作，立即迎养母亲，然而没有等到我大学毕业，母亲就离开我走了，永远永远地走了。古人说："树欲静而风不止，子欲养而亲不待。"这话正应到我身上。我不忍想象母亲临终思念爱子的情况，一想到，我就会心肝俱裂，眼泪盈眶。当我从北平赶回济南，又从济南赶回清平奔丧的时候，看到了母亲的棺材，看到那简陋的屋子，我真想一头撞死在棺材上，随母亲于地下。我后悔，我真后悔，我千不该万不该离开了母亲。世界上无论什么名誉，什么地位，什么幸福，什么尊荣，都比不上待在母亲身边，即使她一个字也不识，即使整天吃"红的"。

这就是我的"永久的悔"。

1994 年 3 月 5 日

赏读

季羡林是一位誉满天下、著作等身的学术大家，却在人生的起步之际一路泥泞。当功成名就的他回首往事时，没有表现出成功人士惯有的苦难辉煌或云淡风轻，反而是对旧日来路刻骨铭心的悔恨，永远不能释怀。作者写作此文时已年近 90 岁高龄，应《光明日报》记者的邀约，完成了这篇散文的创作。题目称"赋得"，虽有命题之意，但作者自谓"我早就想写这样一篇东西了"，可见心中痛点对作者长久的折磨。幸而因缘际会，季老终于一剖衷情，我们也得以窥见其难以名状的心绪。

文章关于作者"永久的悔"已经表述得足够清楚了：那就是未能及时对母亲尽孝，直至"树欲静而风不止，子欲养而亲不待"。作者一定曾经在无数个日夜如同文中那样反复责备自己："不该离开故乡,离开母亲","世界上无论什么名誉,什么地位,什么幸福,什么尊荣,都比不上待在母亲身边,即使她一个字也不识,即使整天吃'红的'"。我们从这样浅白质朴的话语中,几乎可以想见作者落寞而又痛苦的神色。可惜,人文亲情无法割断,却也无法置换了。如同世事种种,"此情可待成追忆,只是当时已惘然"。时光不可重来,人生也无法复刻。如同我们生命之树上不断延展开去的枝叶,我们领受了一侧的阳光和雨露,自然就要承受此间的云翳与风霜;我们选择了一条路,就注定要错过另一条路的风景。只是对于季老而言,这一路太辛酸。是追逐诗和远方,还是埋首粗糙乃至荒芜的生活?远方有风景,远方没有母亲……众人艳羡眼光的背后是生命不能承受之重!

本文的耐人寻味之处还在于作者选择了描写"吃"作为对母亲回忆的联结点,所有母爱的细节都凝结在"吃"的供养之上。一般回忆母亲的文字,都会细致刻画母亲的形象:一笑一颦,一言一行,可是本文一概没有。也许正如作者所言:"我无论如何也回忆不起母亲的笑容来,她好像是一辈子都没有笑过。"有关母亲的所有细节都已经模糊了,甚至可能从未鲜活过。生活剥夺了母亲生命太多的元气,最后使她瘿缩成一张严肃的脸,回忆也只好化约为"吃"——最日常也最基本的生活需求。其实国人对"吃",历来感情深厚。尤其是匮乏的时节,只有"吃"最能调动起人们的生活热情和生活智慧,它往往超越生存本能,成为具有仪式感的生命意志。同为山东老乡的莫言曾撰写《吃相凶恶》一文,描写了艰难岁月里人们进食的魔幻现实。这些回忆深刻地影响了莫言的创作,不少细节作为素材被写进了其他作品。诗意与现实,有时只在一线之间。季老写"吃"时绘声绘色的笔调,也难掩背后苍凉的底色。大概在对母亲极为有限的回忆里,悲伤也就成为某种温暖了吧。

延伸阅读

1. 季羡林:《赋得永久的悔》,杭州:浙江人民出版社2016年版。

2. 季羡林:《牛棚杂忆》,北京:人民文学出版社2015年版。

3. 莫言:《吃相凶恶》,《莫言散文》,杭州:浙江文艺出版社2012年版。

先父对余之幼年教诲[①]

钱 穆

先父爱子女甚挚。尝语人："我得一子，如人增田二百亩。"余之生，哭三日夜不休。先父抱之绕室，噢咻[②]连声。语先母曰："此儿当是命贵，误生吾家耳。"自余有知，先父自鸿声里夜归，必携食物一品，如蛋糕酥糖之类，置床前案上，覆以帽或碗。余晨起揭视，必得食。及余七岁入塾，晨起遂不见食品。先母告余曰："汝已入塾，为小学生，当渐知学大人样，与兄姊为伍，晨起点心，可勿望矣。"余下一弟，先父最所钟爱，不幸早夭。先父抱之呼曰："必重来我家。"次弟生，眉上有一大黑痣。先父喜曰："我儿果重来矣。"

先父为先兄与放大风筝某伯父家一堂兄，聘一塾师，华姓，自七房桥东五里许荡口镇来，寓某伯父家。携一子，三人同塾。翌年秋，先父挈余往，先瞻拜至圣先师像，遂四人同塾。师患心痛疾，午睡起，必捧胸蹙额，绕室急步。余童骏[③]

[①] 选自《八十忆双亲》（生活·读书·新知三联书店 2005 年版），有改动。钱穆（1895—1990），出生于江苏无锡，著有《先秦诸子系年》《国史大纲》等作品。

[②] 噢咻：噢，叹词；咻，拟声词，形容喘气声。

[③] 骏：痴傻。

无知。一日，二兄逗余，笑声纵。翌日上学，日读生字二十，忽增为三十。余幸能强记不忘，又增为四十。如是递增，日读生字至七八十，皆强勉记之。因离室小便，归座，塾师唤至其座前，曰："汝何离座？"重击手心十掌。自是不敢离室小便，溺裤中尽湿。归为先母知，问余，不敢答。问先兄，以实告。先母默然。一日傍晚，先父来塾，立余后，适余诵大学章句序至"及孟子没①"，时师尚未为余开讲。先父指没字问余，曰："知此字义否？"余答："如人落水，没头颠倒。"先父问："汝何知此没字乃落水？"余答："因字旁称三点水猜测之。"先父抚余头，语塾师曰："此儿或前生曾读书来。"塾师因赞余聪慧。先父归，以告先母，先母遂告先父余溺裤中事。年终，先父因谢师歇塾。为余兄弟学业，移家至荡口，访得一名师，亦华姓，住大场上克复堂东偏，余家因赁居克复堂西偏，俾便往返。时余年八岁，师为余讲史概节要及地球韵言两书②。余对地球韵言所讲如瑞典、挪威日夜长短等事更感兴趣。讲两书毕，不幸师忽病，不能坐塾③，诸生集庭中凿池养鱼，学业全废。余家遂又迁居。在大场上之北另一街，一大楼，已旧，北向，余一家居之。余兄弟遂不上塾。余竟日阅读小说，常藏身院中一大石堆后，背墙而坐。天色暗，又每爬上屋顶读之。余目近视，自此始。

先父母对子女，从无疾言厉色。子女偶有过失，转益温婉，冀自悔悟。先伯父家从兄来住吾家，一日傍晚，邀余同往七房桥。谓："汝当告婶母。"余往告先母。先母以余戏言，未理会。待晚饭，两人不至，乃知果往。先父偕侍从杨四宝，掌灯④夜至七房桥。余已睡，披衣急起，随先父归。途中，先父绝不提此事。至镇上，先父挈余进一家汤团铺吃汤团，始回家，先母先姊先兄，一灯相候。先母先姊谓余："汝反吃得一碗汤团。"促速先睡。

先父每晚必到街口一鸦片馆，镇中有事，多在鸦片馆解决。一夕，杨四宝挈余同去，先父亦不禁。馆中鸦片铺三面环设，约可十许铺。一客忽言："闻汝能背诵三国演义，信否？"余点首。又一客言："今夕可一试否？"余

---

① 没：同"殁"。
② 史概节要：节，节选；要，概要。节要，一种文体，例如《史鉴节要便读》。地球韵言：晚清江陵张士瀛撰。中国最早的世界地理课本，光绪辛丑孟秋月浒湾善成堂校刊。
③ 坐塾：开堂授课。
④ 掌灯：手里提着照明灯。

又点首。又一客言："当由我命题。"因令背诵诸葛亮舌战群儒。是夕，余以背诵兼表演，为诸葛亮，立一处；为张昭诸人，另立他处。背诵既毕，诸客竞向先父赞余，先父唯唯不答一辞。翌日之夕，杨四宝又挈余去，先父亦不禁。路过一桥，先父问："识桥字否？"余点头曰："识。"问："'桥'字何旁？"答曰："木字旁。"问："以木字易马字为旁，识否？"余答曰："识，乃骄字。"先父又问："骄字何义，知否？"余又点首曰："知。"先父因挽余臂，轻声问曰："汝昨夜有近此骄字否？"余闻言如闻震雷，俯首默不语。至馆中，诸客见余，言今夜当易新题。一客言："今夕由我命题，试背诵诸葛亮骂死王朗。"诸客见余忸怩不安，大异前夕，遂不相强。此后杨四宝遂亦不再邀余去鸦片馆，盖先父已预戒之矣。时余年方九岁。

先父每晚去鸦片馆，先母先姊皆先睡，由先兄候门。余见先兄一人独守，恒相伴不睡。先父必嘱先兄今夜读何书，归当考问。听楼下叩门声，先兄即促余速上床，一人下楼开门。某一时期，先父令先兄读《国朝先正事略》①诸书，讲湘军平洪、杨②事。某夜，值曾国荃军队攻破金陵，李成典、萧孚泗等先入城有功。先父因言，此处语中有隐讳。既为先兄讲述，因曰："读书当知言外意。写一字，或有三字未写。写一句，或有三句未写。遇此等处，当运用自己聪明，始解读书。"余枕上窃听，喜而不寐。此后乃以枕上窃听为常。先兄常逾十一时始得上床。先父犹披灯夜读，必过十二时始睡。

先父或自知体弱多病，教督先兄极严。先兄犹及赴晚清最末一期之科举③，然不第。时镇上新有果育小学校，为清末乡间新教育开始。先父命先兄及余往读。先兄入高等一年级，余入初等一年级。先父对余课程，似较放任，不加督促。某夕，有两客来闲谈，余卧隔室，闻先父告两客："此儿亦能粗通文字。"举余在学校中作文，及在家私效先兄作散篇论文，专据三国演义写关羽论、张飞论等数十篇，私藏不予先兄知之，乃先父此夜亦提及，余惊愧不已。此后遇先父教导先兄时，亦许余旁听。谓若有知，不妨羼言④。

---

① 《国朝先正事略》：六十卷，晚清李元度撰，曾国藩作序，是一部清朝人物传记的著作。
② 洪、杨：洪秀全、杨秀清。
③ 时值1904年。
④ 羼言：插话。

先父体益衰,不再夜出赴鸦片馆,独一人在家据榻吸食。先母先姊灯下纺纱缝衣,先兄伴读一旁。先父每召余至鸦片榻前闲话,历一时两时①不休。先母先姊先兄私笑余:"汝在兄弟中貌最丑,陪侍父亲,却能多话。聒聒②竟何语。"余恶然不能对。及后思之,亦不记当时先父对余何言。要之,先父似从不作正面教诲语,多作侧面启发语。何意愚昧,竟不能仰副先父当时之苦心灌输培植于万一!滋足愧也。

赏读

钱穆的父亲是在钱穆12岁时离世的。《先父对余之幼年教诲》这篇文章作于先生80岁时。先生虽然已是耄耋之年,却是以孩童般的视角叙写他对父亲的感激之情。由此,读者可以窥见这位博学老人的孩童心境及面貌。多么难能可贵啊!

"父爱如山",在男人的世界里尤其如此。男人与男人之间,即使是父子,也是不常说话的。这里所谓的"说话"是那些属于教导性的话。在中国传统人伦观念中,"父子君臣"属于同样的级别,差距之大、等级之森严是今人无法想象的。但是,这并不等于父亲不关爱自己的子女,特别是男孩。中国传统的社会家庭观念赋予男人以更强烈的社会属性和家庭责任感。不过这种对于男孩的希望并不是直接言说的,而是以其他的某种方式传达出来。

钱穆先生的父亲就是这样的人。他疼爱自己的儿子,希望是满满的。他把对孩子的希望寄托在教育上。为了孩子们的学习,早早地为孩子们开设学堂,忍受教师的近乎苛刻的教育方式;为了孩子们的学习,"孟母三迁"一样地不停地搬迁住地,营造良好的学习环境;为了孩子们的学习,在自己生命的最后几年,亲自为孩子们讲课,严加督学。他为孩子们的学习费尽了心血。

钱穆先生的父亲并不是一位刻板的老夫子,只知道读书。相反,倒是一位可敬可亲的开明乡绅。他教育孩子们的方式是自由式。但这种自由并不是放纵与放任,而是时时督导。教育方法是启发式、联想式。例如从"桥"字引申到"骄"字,教会孩子们学会"皮里春秋"的文章笔法。他着眼于科举,也不反对新式西学教育,反而送孩子们去那里读书。看得出眼光豁达。

---

① 时:时辰,时间单位,古时指一昼夜的十二分之一。当时使用古时时间单位。
② 聒聒:使人厌烦的嘈杂声音。

钱穆先生的父亲对于孩子们的溺爱也是出名的。但这种溺爱是有原则的,不是无条件的。孩子做错了,给他改正错误的机会,并适时奖励。他得意于孩子们的学习成就,在暗中为孩子们的学习加油,让孩子们看到学习的动力,明白学习的道理。

这种爱最终化成了雨露春风,滋润了孩子们的心田,让孩子们茁壮成长,做一个真正的人。这种辛苦与希望的付出,成就了一代新人,使他们在以后的岁月里每每想起父爱,总是由衷地惭愧,更是觉得自己无以回报父爱。正所谓"哀哀父母,生我劬劳"。

这篇回忆父亲的散文轻松平淡,却又意蕴深长。从人伦亲情的角度,掀开了温馨的面纱,充分演绎了人世间的至爱亲情,将东方文明与文化的自信予以了充分的展现。

【附录:译文】

父亲在我幼年时对我的教诲

钱穆

我的父亲对他的子女那叫一个爱!他曾经跟别人说:"我多有一个孩子,就像别人多有二百亩地一样快乐。"我刚出生的时候,哭了三天三夜都不曾停下来。父亲抱着我在房间走,一边走一边"噢噢"地哄着我。他对母亲说:"这孩子的命金贵啊!可惜生在了我们这样的人家。"从我懂事的时候开始,父亲深夜从"鸿声里"回来,总要带回像蛋糕、酥糖这样的小点心,放在我床前的桌案上,上面覆盖着碗或者帽子。早晨我起床,掀开碗或帽子,看到好吃的,好开心!我七岁入学堂读书以后,早晨起床也就没有了小点心,我很不开心。母亲告诉我说:"上学了,你是个学生了,应当从此知道做人的规矩。你和哥哥姐姐一起上学读书,点心嘛,别指望了。"我有一个弟弟,父亲最疼爱他,不幸早早地故去。他走的时候,父亲抱着他大声说:"你一定要回来啊!"后来我的二弟出生,眉毛上有一颗大大的黑痣。父亲高兴地说:"孩儿果然回来了。"

父亲为哥哥及一个放大风筝的本家大伯的孩子——我们叫堂兄——聘请了一位坐堂的先生教书。先生姓华,是从七房桥东边五里远的荡口镇来的。

先生住在本家大伯的家里，带着一个孩子。于是，三个孩子一起读书。第二年秋天，父亲领着我来到学堂，先是瞻仰祭拜了至圣先师孔老夫子。就这样，学堂里有四个孩子在读书。先生有心痛的疾病，中午睡起一定要双手捂着胸口、皱着眉头在课室快步走。当时我年纪小、不懂事，懵懂痴傻。有一天，二位哥哥逗我放声大笑。第二天上课，平日里只是学习二十个字，这天变成了学习三十个字。说起来我真是好记性，能记住。过后一天，学习增加到四十个字。就这样竟然每天要学习七十个字。所幸都还能记住。有一次因为小便离开课室，回来后先生把我叫到他的座位前问我："你为什么出去？"狠狠地打了我十下手心。从此我不敢再出去小便，尿急时就尿在裤子里面，裤子都湿透了。回家后被母亲发现了，问我怎么回事，我不敢说实话。母亲又问哥哥，哥哥把当时的情况说了。母亲听罢没说什么。一天傍晚，父亲来到课室，站在我身后，正赶上我诵读《孟子章句·序》里"及孔子没"这句话。当时先生还没有为我讲解这句话。父亲指着"没"字问我："知道这个字的意义吗？"我回答说："就像人掉到水里，水没过头顶，身体翻转。"父亲又问："你怎么知道这个'没'字是掉进水里的意思？"我说："我根据字的偏旁'三点水'猜的。"父亲摸着我的头顶，对先生说："这孩子上辈子或许读过书。"先生趁机夸我聪慧。父亲回到家里，把这件事告诉了母亲；母亲就把我尿湿裤子的事情告诉父亲。年底学堂放假关门，父亲答谢了先生。为了我和哥哥的学业着想，搬家到了荡口镇，找到一位好老师。巧的是先生也姓华，住在大场上克复堂的东面。因此，我家在克复堂西面租房住，便于哥哥和我去学堂读书。那一年我八岁。先生为我讲说《史概节要》和《地球韵言》两本书。我对《地球韵言》书里所讲的像瑞典、挪威这样的国家白天长晚上短或是白天短晚上长这样的好玩的事特别感兴趣。这两本书讲完，先生忽然病倒了，不能再为我们上课了。同学们在课室所在的院子里挖坑养鱼，书都不读了，学业也就荒废了。结果是我家又搬走了，搬到大场北面的另外一条街上的一座大院子里。房子朝北，有些破旧。我们一大家子住在那里，哥俩儿都不去上学了。我整天读小说，常常躲在院子里的一大堆石头后面，背靠院墙坐在那里。天色晚了，看不清书上的字，我就爬到房顶上去读书。我的近视眼就是在那时得上的。

　　我的父母对他们的孩子从不给脸色看，或是高声训斥。孩子们偶尔犯点小错误，父母的态度反而更加温和柔婉，希望孩子们自己认识到错误。一次，伯父家的堂哥来我家住。一天傍晚他邀请我一起去七房桥，说："你应当告诉婶娘这件事。"我告诉了母亲，她以为我是说着玩儿，没当回事。到了晚饭的时候，母亲见我俩没来吃饭，才知道果然是去了七房桥。父亲和侍从杨四宝当夜提灯前往七房桥。这时我已经睡下了。看见父亲来，赶紧穿衣起床，和他一起回家。路上，父亲没有说起这件事。到了镇上，他带我进了一家汤圆店吃汤圆，之后才回家。此时，母亲姐姐哥哥都在家里等我回来，房间里灯火通明。母亲姐姐知道了事情的经过，对我说："想不到你竟然得到了一碗汤圆的奖励。"催促我赶紧睡觉。

每天晚上，父亲都要去街口的一家鸦片烟馆。镇上的习俗，有事就在烟馆里解决。一天晚上，杨四宝领着我去鸦片烟馆，父亲也不制止。烟馆里三面环墙摆着抽鸦片时的卧具，有十几张床。这时，烟馆中有一位客人忽然对我说："听说你能背诵《三国演义》，是真的吗？"我点点头。又一位客人说："今晚可否一试？"我又点点头。另一位客人说："题目由我出。"于是让我背诵"诸葛亮舌战群儒"。那天晚上，我一边背诵一边表演。说到诸葛亮，站在一个地方；说到张昭等人，站在另一个地方。说完了，大伙儿争相向父亲道贺；父亲只是点点头，不做任何回答。第二天晚上，杨四宝又带我去烟馆，父亲还是不制止。路过一座桥，父亲问我说："认识'桥'字吗？"我点头说："认识。"父亲又问我："'桥'字何旁？"我回答说："木字旁。""以木字替换马字作偏旁，何字？""骄字。""骄字什么意思？""知道。"父亲拉起我的胳膊，轻声问我说："你昨天晚上的表现'骄'吗？"我听罢如雷震耳，低头走路，不说一句话。到了烟馆，客人们说："今晚要换一个题目。"一人说："题目由我出：'诸葛亮骂死王朗'。"这时，大家看着我扭扭捏捏的样子，和昨天晚上大不一样，就不再勉强我。从此之后，杨四宝不再带我去烟馆，父亲已经吩咐他。那一年我九岁。

每天晚上父亲去烟馆的时候，母亲姐姐都先睡下，哥哥留守门户。我看见哥哥一个人独自看门，就常常和他一起看门，也不先睡下。父亲走前一定告诉哥哥当天晚上读什么书，回来后要检查的。听见楼下门响，哥哥立刻催我上床睡觉，他下楼开门。有一段时间，父亲让哥哥读《国朝先正事略》等书，讲的是湘军和洪秀全、杨秀清打仗的事。一天夜里，正好说到曾国荃的军队攻克金陵，李成典、萧孚泗率先攻入城中，建立了大功。父亲说："叙述中有不便说明白的地方。"于是为哥哥讲说。"读书应当知道文字以外的事情。写一字，或许有三个字没写；写一句话，或许有三句话没写。读书读到这个地方，应发挥自己的见解。这才是真正的读书。"我躺在床上偷听，高兴得睡不着觉，以后常常在床上听父亲为哥哥讲读。哥哥往往是十一点钟才上床睡觉，父亲还在挑灯夜读，过了十二点才休息。

父亲或许知道自己身体多病不好，为哥哥讲读、督促他学习特别严厉。哥哥赶上了晚清最后的一次科举考试，没有考上。当时镇上有一所果育小学校，是乡间新式教育的开始。我和哥哥一起去那里读书，他在高等一年级，我在初等一年级，父亲对我的学习似乎并不上心。一天晚上，来了两位客人闲聊，我在隔壁房间躺着，听见父亲对客人说："我这个孩子也懂点学识。"拿出我在学校的作文，以及在家时偷偷仿照哥哥的作文所写的一些杂论，是根据《三国演义》写的"关羽论""张飞论"等几十篇文章。这是我平日里偷偷写的，而且是藏起来的，就连哥哥也不知道。父亲在那天晚上说起。我又惊又愧。以后，每每遇到父亲指导哥哥读书时，也允许我旁听；如果说有什么心得，也让我说出来。

后来，父亲的身体更加不好了，也不去烟馆了，一个人在家里抽鸦片。母亲姐姐在灯下纺纱缝补衣裳，哥哥在一旁陪伴读书。父亲经常把我叫到床前说话，一连好几个小时。母亲姐姐哥哥背地里笑话我："你们哥儿几个数你最丑，在父亲身边却可以多说话，叽里咕噜说些什么啊！"我惭愧无语。以后却想不起当时父亲对我说了些什么。总之，父亲从不正面教导我，而是从侧面启发我。我太笨了，达不到父亲当年对我的全身心的教育培养，哪怕是万分之一也做不到。太惭愧了！

延伸阅读

鲍十：《纪念》，《葵花开放的声音——鲍十小说自选集（1989—2006）》，天津：百花文艺出版社 2006 年版。

睡吧，山谷[①]

北　岛

睡吧，山谷
快用蓝色的云雾蒙住天空
蒙住野百合苍白的眼睛
睡吧，山谷
快用雨的脚步去追逐风
追逐布谷鸟不安的啼鸣

睡吧，山谷
我们躲在这里
仿佛躲进一个千年的梦中
时间不再从草叶上滑过
太阳的钟摆停在云层后面
不再摇落晚霞和黎明

[①] 选自《朦胧诗选》（春风文艺出版社1985年版）。北岛，原名赵振开，1949年生于北京。著有《回答》《一切》等作品。

旋转的树林
甩下无数颗坚硬的松果
护卫着两行脚印
我们的童年和季节一起
走过那条弯弯曲曲的小路
花粉沾满了荆丛

呵，多么寂静
抛出去的石子没有回声
也许，你在探求什么
——从心到心
一道彩虹正悄然升起
——从眼睛到眼睛

睡吧，山谷
睡吧，风
山谷睡在蓝色的云雾里
风，睡在我们的手掌中

赏读

朦胧诗创作自20世纪70年代开始，至80年代冲天而起，进而蔚为大观，将中国新诗运动推向了新的发展阶段。北岛是"白洋淀诗派"的代表诗人之一。《回答》是诗人1976年创作的一首作品，标志着朦胧诗时代的开始。诗中展现了悲愤至极的冷峻，以坚定的口吻表达了对暴力世界的怀疑。从那时起，北岛就是以这样的形象镌刻在朦胧诗及整部中国诗歌史的册页上。

北岛的诗歌是建立在对于生命和生活热爱的基础上。"为了你/小窗漏进一束光/他蘸着心中的红墨水/写下歪歪斜斜的字行。"（《小木屋里的歌》）"为了你/春天在歌唱/草绿了，花红了/小蜜蜂在酒浆里荡漾//为了你/白杨树弯到地上/松鼠窜，杜鹃啼/惊醒了密林中的大灰狼……"（《小木房里的歌——献给珊珊二十岁生日》）"那是风中之风/使万物应和，骚动不安/我喃喃低语／手中的雪花飘进深渊。"(《你好，百花山》)这首《睡吧，山谷》小诗也同样如此。

诗作以大自然的静谧起笔，用拟人化的手法将静止的自然动态化。静谧的山谷，飘动的云雾，野百合花的怒放，构成一幅静中有动的画面；而匆匆雨水的脚步和疾驰奔走的风，以及布谷鸟的鸣叫声，更加衬托出山谷的静谧。这种动静结合的画面很好地表现出宁静的自然大幕的下面是勃勃涌动的生命的歌唱。

我们就是在这样的生命的歌唱中成长的，"我们的童年和季节一起／走过那条弯弯曲曲的小路"。我们就是在这样的生命的歌唱中成熟的，"我们躲在这里／仿佛躲进一个千年的梦中／时间不再从草叶上滑过／太阳的钟摆停在云层后面／不再摇落晚霞和黎明"。我们就是在这样的生命的歌唱中把自己交给了对真理的追求，"抛出去的石子没有回声／也许，你在探求什么／——从心到心／一道彩虹正悄然升起／——从眼睛到眼睛"。

最终，诗人把自己交给了大自然，在大自然中实现了自己"人"的解放，"睡吧，山谷／睡吧，风／山谷睡在蓝色的云雾里／风，睡在我们的手掌中"，实现了人与自然的融合。

生命的歌唱是文学的终极指向，不论是借助自然，还是借助现实生活的表现。

延伸阅读

1. 舒婷：《致橡树》，南京：江苏文艺出版社2003年版。
2. 舒婷、陈思：《Hi 十七岁——和儿子一起逃学》，北京：人民文学出版社2001年版。

切磋琢磨

1. 请将萧红的《呼兰河传》（节选）和鲁迅的《从百草园到三味书屋》进行比较阅读，分析后花园这一特殊的场所给了童年萧红和童年鲁迅哪些人生体验和思想认知，其中的相同点和不同点分别在哪里。

2. 生活中的人性善恶的复杂性可以一语说尽吗？小说中的许三观有着许多不尽如人意的表现，但他内心世界的善良最终压倒了世俗的观念，以生命的本能全力挽救自己非婚生的孩子，大大地、重重地写出了自己一生的"人"字。谈谈你对许三观的理解。

3. 借景抒情是作家表达自己主观世界时最常用的笔法，通过人为地赋予景物的感情色彩，通过景物的色彩影响读者的感官、视觉，从而实现文学的目的。《睡吧，山谷》这首短诗将自然景物拟人化，赋予人的情感、人的思想；并由自然扩散开去，代人立言；最终实现了人与自然的融合，追求着"天人合一"的效果。那么，借景抒情的笔法应如何尽情地表现人的情感世界呢？

后 记

我们太需要自身的文化自信了！

改革开放40年来，当代中国的社会经济面貌发生了天翻地覆的巨大变化和提升。在面对纷繁复杂多变的外部环境和思想文化入侵时，我们似乎束手无措了，显得特别被动，原有的中国文化反倒没有了抗争底气，"外国的月亮比中国的圆"有段时间甚嚣尘上，搅乱了中国原有的思想文化体系，中国思想文化在外来文化面前黯然失色，甚者悄然退场。

实则不然。中国文化悠久的历史和璀璨的成果让其有着自信的资本。毕竟，三千年来中国文化薪火相传，一脉相承，延续至今。这在整个世界文化史上都是绝无仅有的。其间所形成的文化传统和文化成果，陶冶着中国人的心灵，催生着中国人的智慧，创造着中国的文明，助推着中国文化的发展。

中国文化的成就与自信，还在于它的包容性。中华民族是一个集合概念。在中华文明磁石般的引力面前，众多民族环绕于它的身边，吸吮着中华文化的养料，融合在中华民族的肌体中，增强了中国文化的生命力。年复一年，日复一日，中国文化丰富的多样性成就了它的伟大性，成就了它的世界性，也成就了它的未来性。即使是在多样化、多极化的当今世界格局间，中国文化依旧是其中的主流形式，发挥着它的巨大的影响力。

因此，中国人的文化自信是必然的。

今天我们强调文化自信，并不是因为我们文化不自信，而是因为我们没能摆正文化自信的位置。一段时间以来，文化虚无主义蒙蔽了中国人的思想意识，在现代资本意识、工业文明和新技术发展的成就面前丧失了自身的文化自信，葡匐于域外文化的脚下，仰鼻息生，看不到中国文化的辉煌成果；或是看到了却认为已为当今的时代所淘汰。久而久之，文化反倒不自信了。因此，大力强调文化自信是挺起中国人、中华民族脊梁的必由之路。

习总书记多次谈到文化自信的问题。"文明特别是思想文化是一个国家、一个民族的灵魂。无论哪一个国家、哪一个民族，如果不珍惜自己的思想文化,丢掉了思想文化这个灵魂,这个国家、这个民族是立不起来的。""我国今天的国家治理体系,是在我国历史传承、文化传统、经济社会发展的基础上长期发展、渐进改进、内生性演化的结果。""只有坚持从历史走向未来,从延续民族文化血脉中开拓前进,我们才能做好今天的事业。""没有文明的继承和发展,没有文化的继承和繁荣,就没有中国梦的实现。"

的确如此。今天我们谈论文化自信的问题,不仅仅是文化传承的问题,更是站立在世界民族之林的问题,是生存的问题,是发展的问题,是未来前进的大问题。只有树立起文化的自信,我们才能把握住走向未来的方向舵;只要树立起文化的自信,我们就能实现中华民族伟大复兴的中国梦。

本书就是这样的一本关于文化自信的文学编著,是由周建江、曾湖仙、廖波、梁国铭四位老师共同完成的。廖波老师承担了第一单元内容的编写,曾湖仙老师承担了第二单元内容的编写,梁国铭老师承担了第三单元内容的编写,周建江老师承担了第四单元内容的编写,并对全书予以通览式编辑和文字校对。

周建江博士是广州工商学院、广东技术师范大学教授,曾湖仙、廖波、梁国铭三位老师来自于广州市著名的执信中学。广州市执信中学是广东省重点中学,国家级示范性普通高中。90多年来,始终秉承"崇德瀹智"的校训,坚持"立德树人"的办学宗旨,致力培养"改造未来社会之人才",培养了数以万计的优秀毕业生,杰出校友遍布世界。学校教学质量高位稳定,名列广州市前茅。90%以上的高中毕业生进入国内重点大学,每年有近百名优秀毕业生被哈佛大学、斯坦福大学、康奈尔大学、巴黎政治学院、香港大学、香港科技大学等世界著名学府录取,是广州市乃至广东省中学生向往的学校之一。曾湖仙、廖波、梁国铭三位老师是该校语文学科的教学骨干,曾湖仙老师更是硕果累累的语文教师。他们都有着丰富的教学经验、完美的教学案例、出色的教学成绩。本书的选篇均出自于他们之手,其中所蕴含的教学理念、教学方法和教学手段是不言而喻的,是针对中学语文教学现状有感而为的,对于广大的中学生读者是极有帮助的。希望读者能够从中获益。

本书的出版得到了广东高等教育出版社的鼎力支持。从规划到选题,从编辑到出版,无不浸透着他们的心血,在此予以感谢!感谢本书的主编之一陈剑晖教授对本书的贡献!

是为后记。

周建江记于广州华景新城
2019年1月10日